Strategisches und qualifiziertes Empfehlungsmanagement

Hans-Georg Schumacher
Dieter F. Kindermann

Strategisches und qualifiziertes Empfehlungsmanagement

Leitfaden für Verkäufer und
Vertriebsführungskräfte in der
Versicherungsbranche

Hans-Georg Schumacher
Lampertheim, Hessen
Deutschland

Dr. e. h. Dieter F. Kindermann
Stadthagen, Niedersachsen
Deutschland

ISBN 978-3-658-01554-1   ISBN 978-3-658-01555-8 (eBook)
DOI 10.1007/978-3-658-01555-8

Die Deutsche Nationalbibliothek verzeichnet diese Publikation in der Deutschen Natio-
nalbibliografie; detaillierte bibliografische Daten sind im Internet über http://dnb.d-nb.de
abrufbar.

Springer Gabler
© Springer Fachmedien Wiesbaden 2013

Gedruckt auf säurefreiem und chlorfrei gebleichtem Papier

Springer Gabler ist eine Marke von Springer DE.
Springer DE ist Teil der Fachverlagsgruppe Springer Science+Business Media.
www.springer-gabler.de

Geleitwort

Die beiden Autoren Hans-Georg Schumacher und Dr. Dieter F. Kindermann sind langjährig erfolgreich tätige Versicherungsfachleute, für die Theorie und Praxis keine Fremdwörter sind. Von ihnen lernen und umsetzen führt zum Erfolg.

Beide Autoren verlassen sich nicht auf Technik – mit Ausnahme notwendiger Tarifberechnungen und Gutachten. Es gilt immer noch, wie „von Anbeginn der Zeiten", dass Menschen angesprochen werden wollen. Kindermann spricht dabei vom „Nasenfaktor". Es ist ihm wichtig, Menschen zu erreichen und nach diesem Muster verfährt ebenfalls seit Jahrzehnten Schumacher. Beide, Kindermann und Schumacher, zeigen praxisnah auf, wie jeder Verkäufer und auch jede Führungskraft, die ebenfalls Verkäufer sein soll (muss!) durch Fleiß und Einsatz, durch Direktansprache zum Erfolg kommt.

Die Versicherungsbranche befindet sich seit Jahren ununterbrochen im Wandel. Veränderungen bestimmen die tägliche Arbeitswelt, neue Tarife verlangen neue Berechnungen und nicht zuletzt sind diese auch den sich stetig verändernden Gesetzen geschuldet. Vieles wird dadurch nicht leichter. Die Direktansprache, zum Beispiel im Fachbereich Betriebliche Altersversorgung, ist eine wichtige Chance für den Erfolg.

Viel zu wenige Vermittler bzw. Akquisiteure und damit aber auch Führungskräfte, die Verkäufer anleiten, bilden sich permanent fort. Gesetzesänderungen werden oft überhaupt nicht spontan umgesetzt, großartige Chancen werden einfach verpasst. Führungskräfte, die die Gunst der Stunde nutzen und bereit sind, im Wandel der Zeit, des Geschehens, Gesetzesänderungen zu begreifen, sind einfach dem Geschehen voraus. Die Wandlungsfähigkeit muss ebenso gelebt werden wie die permanente Ansprache. In dieser liegt der Erfolg, das, was die beiden Autoren seit Jahren permanent beweisen und leben.

Doch eines verändert sich sicher niemals: Das ist der Mensch. Dieser steht im Vordergrund. Beratung und Verkauf, Nähe zum Kunden und egal ob Bestands- oder Neukunde, auf die Ansprache und die Zugangswege kommt es wesentlich an.

Die Leser dieses Buches werden Leitfäden für ihren Erfolg bekommen. Diese gilt es umzusetzen. Daraus wird Nutzen.

Hamburg,   Dr. Norbert Winter, Physiker,
Ich wünsche viel Erfolg.   langjähriger Vorstandsvorsitzender
                                                                           verschiedener
                                                              Versicherungskonzerne

Vorwort

Sie sind Verkäufer und wir sind Verkäufer. Wir sprechen die gleiche Sprache, kennen den heutigen Markt, wissen um die Chancen und Schwierigkeiten und wollen unsere geschäftlichen Ziele erreichen. Vieles hat sich jedoch in den letzten Jahren verändert. Eine notwendige und richtige Strategie darauf ist die ständige und systematische Erarbeitung von qualifizierten Empfehlungen. Nun sind Empfehlungen ein ewig altes und ein ewig neues Thema. Deshalb müssen die Vorteilhaftigkeit, die Zweckmäßigkeit und die Erfolgsaussichten von Empfehlungen nicht erst beschrieben werden. Dazu ist schon sehr häufig viel gesagt worden. Das ist allseits bekannt. Trotzdem zeigt sich in der Praxis, dass nur wenige Verkäufer regelmäßig und erfolgreich Empfehlungen erarbeiten, es sei denn, man ist in einem sogenannten Strukturvertrieb tätig. Woran liegt es, dass man trotz Einsicht und Wollen nicht oder nicht ausreichend aktiv wird? Wer fast täglich in Seminaren auf Verkäufer trifft, mit ihnen spricht, sie befragt und insbesondere in Praxistrainings die Empfehlungsnahme vormacht, erhält zunächst einmal eine Fülle von Gründen dafür, warum es nicht geht:

- Man hat keine Zeit dazu.
- Man ist bereits gedanklich beim nächsten Kunden.
- Der Kunde soll nicht überfordert und belästigt werden.
- Der Kunde will das nicht.
- Man selbst gibt ja auch keine Empfehlungen.
- Der Kunde hat schlechte Erfahrungen gemacht.

Das sind jedoch nur vorgeschobene Hindernisse. Es muss also noch tieferliegende Gründe geben. Zwei davon sind:

1. die (vermeintliche) Rolle als Bittsteller
2. die Ablehnung bestimmter trainierter Vorgehensweisen, die mehr oder weniger
   als manipulativ angesehen werden

Die Erarbeitung von Empfehlungen ist eine Stilfrage. Verkäufer haben ein seis-
mografisches Gespür. Sie registrieren sofort, wenn Erklärungen, Aussagen oder
Handlungen listig, nicht offen oder fragwürdig sind. Aufgesetzte oder manipulative Sprüche, die Verkäufer als trickreich und unehrlich empfinden, werden innerlich
abgelehnt und nicht übernommen. Viele Verkäufer sperren sich an diesem Punkt,
auch wenn Einzelne damit zu guten Ergebnissen kommen. Im qualifizierten Geschäft (zum Beispiel bei Unternehmen) gilt außerdem, dass jedes Abweichen von
Klarheit, Wahrheit und Echtheit vom Angesprochenen in der Regel erkannt wird –
und das ist tödlich für einen erfolgreichen Verkauf.

Wenn wir von einer anderen und erfolgreicheren Methode sprechen, heißt das,
dass der Verkäufer die Vorgehensweise akzeptiert, deshalb tatsächlich praktiziert
und des Weiteren, dass regelmäßig und gekonnt mit positiver Einstellung und
gutem Gefühl Empfehlungen erarbeitet werden. Jeder Verkäufer wird immer dann
verstärkt aktiv, wenn er sich in seiner Vorgehensweise wohlfühlt, er sich mit dem,
was er macht, identifiziert und das Ganze Aussicht auf Erfolg hat.

„Erfolgreich" heißt in diesem Fall, dass als Reaktion auf die heutige Marktsituation greifbare und auswertbare Empfehlungen erarbeitet werden. In einem
Praxistraining mit 13 Ansprachen von Unternehmen haben wir 143 qualifizierte
Empfehlungen erarbeitet. Bei 51 Empfehlungen haben sich die Empfehlungsgeber
bereit erklärt, die Ansprache durch ein Empfehlungsschreiben anzukündigen.

Durch die Praxistrainings und die Umsetzung wird die Erkenntnis gewonnen, dass die Erarbeitung von Empfehlungen leichter funktioniert als erwartet.
Wir haben außerdem festgestellt, dass dadurch ein interessanter und erfolgreicher Weg kreiert wird, der mit Zuversicht und viel Zielsicherheit gegangen wird.
Empfehlungen sind ein effektiv wirkender Motivations- und Erfolgstreiber.

Veränderungen senden Signale aus und sind Weichenstellungen. Deshalb sind
alle Veränderungen, die die Verkaufssituation berühren, auf positive und negative Auswirkungen zu prüfen. Mit der Darstellung des Berufsweges „Kindermann
im Verkaufsleben" wollen wir Ihnen aufzeigen, dass immer wieder Änderungen
eintreten, die den Erfolg positiv beeinflussen. Also: keine Angst vor Veränderungen!

Bei den heute gegebenen Veränderungen, die auf den Verkauf wirken, hat die
Politik durch die Neugestaltung des § 7 UWG die Finger im Spiel gehabt. Viele Verkäufer beurteilen die Einschränkungen bei der Telefonakquise als schlimm. Ein sehr
positiver Aspekt dieser neuen Verkaufssituation ist jedoch, dass sich der Arbeits-
schwerpunkt zwangsläufig auf die Erarbeitung und Auswertung von Empfehlungen

verlagert. Das Empfehlungsmanagement ist die Trumpfkarte, die entwickelt und eingesetzt werden muss.

Ein erfolgskonzentriertes **Empfehlungsmanagement** ist ein geradezu ideales und äußerst wirksames Führungsinstrument. Vertriebsführungskräfte verfügen somit über eine effektvolle Steuerungsmöglichkeit. Wir wollen deshalb Grundideen der Managementtheorien behandeln, um dadurch das Basiswissen zu verbreitern und zu vertiefen. Wer sich mit diesen Grundlagen beschäftigt, wird die Zusammenhänge besser erkennen und verstehen. Für eine Führungskraft ist es ein Beitrag zur Erfolgssicherheit, wenn ein Konzept zur Führungsstruktur mit entsprechenden Maßnahmen (zum Beispiel Empfehlungsmanagement) entwickelt wird.

Gleichzeitig wollen wir ein **Zielleitsystem** aufzeigen, das den Erfolg bei der Neukundengewinnung aus erhaltenen Empfehlungen absichert. Diese Strategie wird von Verkäufern bereits erfolgreich angewendet. Damit ist eine große Konsensfläche gegeben, die zu einer erfolgreichen, ausschöpfbaren Plattform wird.

Wir beide, beide Autoren, sind Praktiker, die den Erfolg suchen, Erfolg haben und den Erfolg und die Methode, erfolgreich zu werden, an Sie weitergeben. Ihr Erfolg, lieber Leser, ist von Ihrem Willen und Ihren Fähigkeiten zur Umsetzung abhängig. Der Erfolg wird durch das Zielleitsystem planbar.

Wir freuen uns, wenn Sie mit unseren Überlegungen noch erfolgreicher werden und wünschen Ihnen, dass Sie mit viel Drive noch erfolgreicher werden.

Hans-Georg Schumacher
Dieter F. Kindermann

Inhaltsverzeichnis

Telefonakquise verliert an Bedeutung – Empfehlungen sind im Kommen

Peng! Der Traum ist geplatzt. Die telefonische Kaltakquise (Cold Calls) im Privatkundengeschäft entfällt aus dem Spektrum möglicher Formen der Kundenansprache. Es sei denn, es liegt eine Einwilligung vor – und das ist ja bei Cold Calls nicht der Fall. Bei „sonstigen Marktteilnehmern", also Unternehmen, liegt eine unzumutbare Belästigung nicht vor, wenn bei Telefonanrufen von einer zumindest mutmaßlichen Einwilligung ausgegangen werden kann. Es ist somit zu prüfen, ob das anzurufende Unternehmen dem Anruf positiv gegenüberstehen wird – und das ist schwierig.

Deshalb zunächst zum Gesetz gegen den unlauteren Wettbewerb (UWG):

§ 7 Unzumutbare Belästigungen

(1) Unlauter im Sinne von § 3 handelt, wer einen Marktteilnehmer in unzumutbarer Weise belästigt.

(2) Eine unzumutbare Belästigung ist insbesondere anzunehmen

1. bei einer Werbung, obwohl erkennbar ist, dass der Empfänger diese Werbung nicht wünscht.

2. bei einer Werbung mit Telefonanrufen gegenüber Verbrauchern ohne deren Einwilligung oder gegenüber sonstigen Marktteilnehmern (zum Beispiel Unternehmen), ohne deren zumindest mutmaßliche Einwilligung.

3. bei einer Werbung unter Verwendung von automatischen Anrufmaschinen, Faxgeräten oder elektronischer Post, ohne dass eine Einwilligung der Adressaten vorliegt.

4. bei einer Werbung mit Nachrichten, bei der die Identität des Absenders, in dessen Auftrag die Nachricht übermittelt wird, verschleiert oder verheimlicht wird oder bei der keine gültige Adresse vorhanden ist, an die der Empfänger eine Aufforderung zur Einstellung solcher Nachrichten richten kann, ohne dass hierfür andere als die Übermittlungskosten nach den Basistarifen entstehen.

H.-G. Schumacher, D. F. Kindermann, *Strategisches und qualifiziertes Empfehlungsmanagement*, DOI 10.1007/978-3-658-01555-8_1,
© Springer Fachmedien Wiesbaden 2013

§ 7 UWG macht den Griff zum Telefonhörer problematischer. Rechtsanwalt Jürgen Evers (aus der Kanzlei Blanke Meier Evers in Bremen) gibt hierzu folgenden Rat:

> „Die telefonische Erstansprache bei Firmenkunden ist möglich, wenn eine „zumindest mutmaßliche Einwilligung" angenommen werden kann. Ob eine solche vorliegt, ist im Einzelfall zu beurteilen und das ist schwierig. Möglich ist jedoch, den Firmen-Neukunden anzuschreiben und den Anruf anzukündigen. Wichtig: Der Firmen-Neukunde kann dadurch entscheiden, ob er den angekündigten Anruf will oder nicht. Damit ist man auf der rechtlich sicheren Seite. Bei bestehenden Firmenkunden ist grundsätzlich eine dauerhafte Einwilligung zweckmäßig und einzuholen."

Neue Kunden zu gewinnen ist die hohe Schule des Verkaufs. Die Neukundengewinnung ist notwendig, denn im Kundenkreis besteht immer die Gefahr, dass Stagnation oder gar ein Rückgang eintritt. Die Neukundengewinnung ist der Erfolgsfaktor zur Expansion des Vermittlerbetriebes und zur Steigerung der Einnahmen. Die Wege, um zu potenziellen neuen Kunden Kontakt aufzunehmen, sind sehr unterschiedlich und auch sehr unterschiedlich in der Wirkung.

Die nachfolgende Übersicht zeigt Ihnen die möglichen Wege mit den erfahrungsgemäßen Erfolgsaussichten:

Wege zur Neukundengewinnung	Erfolgsaussichten
Versand von Werbeschreiben (Direct-Mailing-Aktionen)	**Gering**
Telefonmarketing (§ 7 UWG beachten)	**Häufig nicht ausreichend**
Kontaktaufnahme durch Anschreiben mit telefonischem Nachfassen	**Etwas besser**
Besuch ohne Vorankündigung – Face to Face (persönliche Direktansprache)	**Sehr gut**
Besuchsankündigung mit anschließendem Besuch	**Sehr gut**
Ansprache – Face to Face – mit Empfehlung eines Kunden, einer persönlichen Beziehung oder eines Verbandes usw.	**Ausgezeichnet**
Ansprache eines neuen Kunden durch Kontakte in einem Netzwerk Wer telefoniert, verliert	**Am besten**

Die Telefonakquise wird immer wieder versucht, jedoch nicht mit der wünschenswerten Resonanz. Es gibt nur wenige Verkäufer, die die Telefonakquise gekonnt und erfolgreich durchführen. Vielfach wird ein antrainierter oder selbstgestrickter Gesprächsleitfaden angewandt und es wird damit nur eine geringe Erfolgs- bzw. Terminquote erreicht. Welche Erfahrung machen Sie zum Beispiel bei einer Telefonakquise zur betrieblichen Altersversorgung (Entgeltumwandlung)?

Für einen Verkäufer ist es sehr frustrierend, trotz gutem Willen und Bemühen keine großen Fortschritte zu machen. Zur Gewinnung neuer Firmenkunden und Kunden im gehobenen Geschäft ist es zwingender und ergiebiger seine Persönlichkeit mit Ausstrahlung, Kompetenz und Erfahrung ins Spiel zu bringen. Der Erfolgsfaktor **Persönlichkeit** wirkt.

Es gibt also folgende Erfolgswege zur Neukundengewinnung:

1. **persönliche Direktansprache:** Sie wird ständig in unseren Seminaren mit Praxistraining angewandt. Bei zehn Ansprachen im Firmengeschäft werden sechs bis acht Kontakte zur weiteren Bearbeitung erreicht. Diese Methode ist also durchaus erfolgreich.

2. **persönliche Direktansprache aufgrund einer Empfehlung:** Sie ist genauso erfolgreich und in der Ansprache leichter.

3. **persönliche Direktansprache aufgrund eines Kontaktes in einem Netzwerk:** Sie ist noch erfolgreicher und in der Ansprache am leichtesten.

Wenn Sie sich mit der persönlichen Direktansprache, insbesondere mit ihrer Durchführung und mit Erfahrungen mit dieser Methode beschäftigen wollen, empfehlen wir Ihnen die Lektüre des Buches „Qualifizierte Neukundengewinnung im Firmengeschäft", 3. Auflage, von Hans-Georg Schumacher.

Kernaussagen aus Kap. 1:

• Die Telefonakquise wird kritisch gesehen.
• Die Marktverhältnisse haben sich verändert und erfordern eine darauf passgenaue Strategie.
• Mit Empfehlungen wird ein hohes Kontakt- und Erfolgspotenzial erreicht.

Empfehlungen und Hinderungsgründe für die Erarbeitung von Empfehlungen

Jetzt befassen wir uns mit der Erarbeitung von **Empfehlungen** im Firmenkunden-geschäft und im gehobenen Privatkundenkreis (Selbstständige, leitende Angestellte usw.).

Warum? Unsere Erfolgsmethode können Sie in einem größeren Ausmaß syste-matisch organisieren und auswerten. Es ist ein leicht zu erreichendes Ergebnis, pro Monat zehn bis 15 qualifizierte Empfehlungen zu erarbeiten. Das ist die Basis für eine erfolgreiche Akquise im Neugeschäft und für eine interessante Expansion der Agentur bzw. des Versicherungsmaklerbetriebes.

Eine qualifizierte Empfehlung ist die Erarbeitung folgender Angaben:

1. Adresse
2. Ansprechpartner
3. Alter des Ansprechpartners
4. Anzahl der Mitarbeiter
5. Berufung auf den Empfehlungsgeber

Jeder Verkäufer weiß, dass eine Empfehlung die Eintrittskarte zum neuen Kunden ist, der wünschenswerte Königsweg, der zu begrüßende Vertrauensvorschuss usw. Trotzdem wird es nicht oder nicht systematisch gemacht. Beschäftigt man sich mit den Hinderungsgründen, so kommen handfeste Erkenntnisse heraus. Gleichgültig, ob wir das einsehen oder nicht: Es sind Befürchtungen, Bedenken, Vorurteile und Hemmungen. Diese Erkenntnisse nicht zu behandeln, führt in die Erfolglosigkeit und ergibt kein ergebnisstarkes Empfehlungsmanagement.

Folgende Ursachen haben wir identifiziert:

1. Es wird als schwierig angesehen, nach Aufnahme eines Antrages Empfehlungen anzusprechen.
2. Redewendungen und Vorgehensweisen werden als manipulativ empfunden.

H.-G. Schumacher, D. F. Kindermann, *Strategisches und qualifiziertes Empfehlungsmanagement*, DOI 10.1007/978-3-658-01555-8_2,
© Springer Fachmedien Wiesbaden 2013

3. Das Wort „Empfehlung" ist negativ besetzt.
4. Man möchte ein „Nein" des Kunden vermeiden.
5. Die vermeintliche Rolle als Bittsteller ist unangenehm.

Zu 1.: Empfehlungsnahme nach Antragsaufnahme bzw. Geschäftsabschluss

Gut gedacht – wird aber selten in der Praxis gemacht, nämlich die Empfehlungsnahme unmittelbar nach Aufnahme eines Antrages. Es ist zunächst logisch, davon auszugehen, dass man nach Aufnahme des Antrages zu irgendeiner Finanzdienstleistung bzw. Versicherung die beste Möglichkeit hat, den Kunden auf die Hergabe einer Empfehlung anzusprechen. Der Kunde hat sich entschieden, ist von dem, was er gemacht hat, überzeugt. Außerdem wird mit der Hergabe einer Empfehlung der Kauf bestätigt und das Kundenverhältnis gefestigt. Obwohl dies richtig und bekannt ist und insbesondere diese Situation sehr häufig trainiert wird, wird diese Ansprache zur Empfehlungsnahme in der Praxis oft nicht angewandt. Warum? Nach Aufnahme eines Antrages entsteht eine Hürde, die Verkäufer nur selten überspringen. Tatsächlich ist es so, dass sowohl der Kunde als auch der Verkäufer mit der Unterschrift unter den Antrag das Gespräch als beendet ansehen. Für die Erarbeitung einer Empfehlungsnahme muss dann ein neuer Anlauf gestartet werden, so als müsse man dem Kunden noch einmal etwas Zusätzliches „verkaufen" oder gar „abringen".

Es gibt jedoch noch einen weiteren psychologischen Hinderungsgrund, der naheliegend und nicht wegzudenken ist: Mit Unterschrift des Antrages zu einer Finanzdienstleistung bzw. Versicherung haben wir unser Ziel erreicht und es ist das Natürlichste der Welt, dass wir uns freuen und ein enormes Erfolgsgefühl haben. Wir sind happy und rechnen uns die Provision bzw. Courtage aus, die wir ausgeben können. Es ist die Praxis, dass wir den Kunden relativ zügig nach Beendigung des Gesprächs verlassen (nicht dass jetzt noch eine durch Fragen auftretende Diskussion entsteht). Wir sind wie „Nestflüchter" und sagen uns, dass wir später bei einem anderen Besuch oder bei anderer Gelegenheit Empfehlungen ansprechen werden. War außerdem das Verkaufsgespräch etwas schwierig oder es ist etwas spät geworden, dann wird ein erneuter Anlauf zur Erarbeitung von Empfehlungen nicht für angebracht gehalten. Wer eine Verkäuferseele hat, kann das nachempfinden.

Speziell im Firmenkundengeschäft bietet es sich nicht so sehr an, unmittelbar nach dem Verhandlungsende schon nach einer Empfehlung zu fragen, weil zunächst eine Phase der „Bewährung" einsetzt. Der neu gewonnene Firmenkunde will seine Entscheidung für eine Geschäftsbeziehung zu Ihnen durch die weitere gute Bearbeitung, eine schnelle Reaktion im Schadensfall, hohe Kompetenz und verlässlichen Service bestätigt wissen. Dann wird er jederzeit zu Empfehlungen bereit sein.

Darüber hinaus ist es selbstverständlich vorteilhaft, wenn Sie den Eindruck Ihrer Persönlichkeit, der auf Ihren Firmenkunden positiv und überzeugend wirkt, in weiteren Kontakten bestätigen und verstärken.

Die Methode der Ansprache nach Antragsaufnahme wird von uns jedoch nicht bevorzugt. Für den Fall, dass Sie bisher damit erfolgreich waren, so machen Sie das weiter.

Ein ergänzender Weg wird vielfach in Vertrieben praktiziert: Nach Gesamtberatung und Antragsaufnahme wird eine schriftliche Befragung des Kunden bzw. eine Dokumentation vorgenommen und Empfehlungen werden miteinbezogen. Bei entsprechender und dauerhafter Systematik stellt sich der Erfolg ein.

Zu 2.: Manipulative Redewendungen und Vorgehensweisen Die Vorgehensweise zur Erarbeitung von Empfehlungen ist und bleibt, wie bereits erwähnt, eine Stilfrage. In Zeitschriften für Verkäufer ist häufig zu lesen, dass „es Tipps und Tricks" gibt, um neue Kunden zu gewinnen. „Tipps" sind zulässig, wenn diese authentisch und wahrhaftig sind; „Tricks" sind dagegen nicht statthaft. „Tricks" sind auch nicht grenzwertig, sondern überschreiten die Grenze und gehören in die Zone des Unerlaubten. „Tricks" sind nicht anwendbar. Der qualifizierte Kunde merkt das und empfindet das als nicht aufrichtig und sich nicht gehörend.

Kein Kunde ist so dumm und kein Verkäufer kann morgens aufwachen und sich beschwörend wünschen: „Hoffentlich finde ich heute mindestens drei Dumme!" Eine solche Denkweise zerstört die Glaubwürdigkeit des Verkäufers und das Vertrauen seiner aktuellen und potenziellen Kunden in ihn. Er rutscht auf die glatte Ebene eines nicht akzeptablen Vertreters ab. Diese Abwertung ist die erkennbar größte Sorge und führt zu einer unüberwindbaren Angst, als trickreich entlarvt zu werden. Angst behindert bekanntlich das Denken und verhindert die Aktivität.

Der Verkäufer erkennt zweifellos, dass eine Empfehlung, die ein Kunde von sich aus gibt oder die durch den Kunden veranlasst wird (Passiv-Empfehlung) sowie auch eine Empfehlung, die der Verkäufer selbst erarbeitet (Aktiv-Empfehlung) einen sehr hohen Stellenwert hat. Eine Empfehlung will sich jedoch kein Verkäufer durch Manipulationen, vermeintlich geschickte Redewendungen oder gar durch arglistige Unverständlichkeiten erschleichen. Er will auch nicht etwas nachplappern, das nicht zu seiner Persönlichkeit passt.

Hierzu einige Kostproben untauglicher Formulierungen zur Erschleichung von Empfehlungen, die auf alle Fälle **nicht zu übernehmen** sind:

- Wenn der Empfehlungsgeber nicht weiß, wen er nennen soll: „Schauen Sie, ich habe hier drei Pillen, die hundertprozentig gegen Krebs helfen. Wem würden Sie eine geben?" Das ist fürchterlich und scheußlich und man muss schon jede Form der Rationalität hinter sich lassen, um das anzuwenden.

- Zur Ermunterung des Empfehlungsgebers: „Geben Sie mir bitte keine zehn Adressen. Ich kann nur fünf bearbeiten". Das wird als hinterlistig und unehrlich empfunden.
- Nach Aufnahme eines Antrages: „Waren Sie mit meiner Beratung zufrieden?" „Ja." – „Haben Sie viele Hinweise erhalten?" „Ja." – „Können Sie sich vorstellen, dass auch andere solche Hinweise brauchen können, die noch nicht einmal wissen, dass es solche Möglichkeiten gibt, die Sie jetzt genutzt haben?" „Ja." – „Können Sie mich empfehlen, oder wem würden Sie eine solche Beratung gönnen?" Diese Form der Ansprache ist nicht mehr zeitgemäß und wirksam. Auf die sogenannte „Ja-Schiene" reagiert jeder sowohl im Verkauf als auch in der Erarbeitung von Empfehlungen empfindlich und abwehrend, weil er sich bedrängt und manipuliert fühlt.
- Nach Aufnahme eines Antrages und der nochmaligen Betonung des Nutzens für den Kunden: „Jetzt, Herr Müller, bekommen Sie noch einen Scheck – einen Vertrauensscheck. Sie dürfen einem anderen einen Gefallen tun, damit auch er die Segnungen der Beratung erhalten kann." Diese Form ist klitschig und igelig. Die „Gefallen-tun-Methode" wird häufig als die gängige Vorgehensweise trainiert. Von dieser Art der Erarbeitung einer Empfehlung wird allerdings abgerückt.
- Ein weiterer Ansatz: „Lieber Kunde, ich muss eine Entscheidung treffen und zwar, ob ich ständig neue Kunden akquiriere und dafür meine Zeit aufwenden soll, oder ob ich meinen Kunden einen Service biete. Ich habe mich entschieden, meine Zeit für den Service für meine Kunden einzusetzen. Das kann ich jedoch nur machen, wenn sie mich weiterempfehlen." Das ist unverständlich. Ist dies für einen qualifizierten Verhandlungspartner glaubhaft? Service erwartet der Kunde doch ohnehin und er muss ohne besondere Akrobatik geleistet werden.
- Vor Beginn der Verkaufsverhandlung: „Herr Schulze, meine Beratung ist für Sie honorarfrei. Wenn Sie aber mit meiner Beratung zufrieden sind, bekomme ich von Ihnen als Ausgleich drei Empfehlungen. Das ist unsere Vereinbarung." Damit die Theatralik stimmt, wird das Ganze mit Handschlag besiegelt. Kann man so etwas mit einem qualifizierten Kunden (Firmeninhaber, Geschäftsführer, Rechtsanwalt usw.) machen? Der Kunde weiß doch, dass die Beratung keine Honorarzahlung auslöst. Das ist sehr bedenklich, auch wenn derzeit eine Diskussion darüber geführt wird, anstelle einer Provision bzw. Courtage ein Honorar zu vereinnahmen. Es ist aber grundsätzlich möglich, zu Beginn der Verkaufsverhandlung die Weiterempfehlung anzusprechen und es ist auch richtig, während der Verhandlung zu testen, welche Verbindungen und Empfehlungsmöglichkeiten der Kunde hat. Das geht durchaus – auch ohne Tricks und Unwahrhaftigkeiten.

Nehmen Sie als Anregung den folgenden Text und stellen Sie ihn auf Ihre Sprache und Persönlichkeit ab. Dadurch bleiben Sie authentisch:

> „Ich freue mich auf das Gespräch mit Ihnen. Wir werden gemeinsam eine Reihe von Überlegungen besprechen und Lösungen erarbeiten, die für Sie wichtig sind – denn nur so kann ich Ihnen weiterhelfen. Es kommt mir sehr darauf an, dass Sie den Wert unserer Besprechung erkennen, denn auch Sie können mir weiterhelfen. Ich brauche immer neue Kontakte, um meinen Kundenkreis auszudehnen. Deshalb sind Sie für mich sehr wichtig, weil Sie jemanden kennen, mit dem ich Verbindung aufnehmen kann. Aber das machen wir ganz am Schluss unseres Gespräches."

In der Verkaufsverhandlung gibt der Kunde auswertbare Hinweise, zum Beispiel in welchem Betrieb ist er tätig, dass er Tennis oder Golf spielt, dass er einen Bruder hat usw. Am Schluss der Verkaufsverhandlung ist alsdann zu fragen, wie der Tennispartner, Bruder usw. zu erreichen ist.

Ein Verkäufer, der Tricks und Floskeln anwendet, verliert in den Augen des qualifizierten Empfehlungsgebers unweigerlich an Ansehen und wird von ihm genau dort eingestuft, wo sich der seriöse Verkäufer eben nicht sehen möchte, nämlich, wie bereits gesagt, auf dem untersten Niveau, wo sich profillose, inkompetente und schwatzhafte Vertreter bewegen. Um Tricks oder ähnliche Aussagen zur Empfehlungsnahme anzuwenden, bedarf es schon einer gehörigen Portion ausgeprägter intelligenter Schlichtheit und einer unverzeihlichen und abgrundtiefen Ahnungslosigkeit über die Einschätzungen und Reaktionen des angesprochenen Empfehlungsgebers. Im Klartext: Das ist Dummheit.

Es trifft deshalb zu: Stimmt die Methodik und Strategie zur Erarbeitung von Empfehlungen nicht, so hat der Verkäufer ein Übermaß an Unwohlsein. Das ist ebenfalls der Ausgangspunkt für die daraus folgende Inaktivität.

Für die Erarbeitung von Empfehlungen gilt die grundsätzliche Aussage:

> „Die Wahrheit ist ein kostbares Gut und damit sollte man nicht sparsam umgehen."

Hans-Olaf Henkel

Aus den bisherigen Erläuterungen resultieren zwei Erkenntnisse:

1. Verkäufer sind sehr sensibel und zwar insbesondere hinsichtlich der Echtheit und Anwendbarkeit der Methodik.
2. Die Erarbeitung von Empfehlungen erfordert den richtigen Stil, der der Persönlichkeit des Verkäufers entspricht.

In einem Seminar brachte ein Teilnehmer das Ganze auf den einzig gültigen Punkt: „Wenn ich trickreiche Aussagen machen muss, dann schäme ich mich für meinen Beruf."

Zu 3.: Das Wort „Empfehlung" Das Wort „Empfehlung" verwenden wir bewusst nur als Arbeitsbegriff. Wenn ich etwas empfehle, dann löse ich bei mir Verantwortung aus. Wenn ich auf Empfehlungen angesprochen werde, übernehme ich Verantwortung dafür, ob zum Beispiel das empfohlene Produkt auch für den Betreffenden geeignet ist, ob es die Zuverlässigkeit und Qualität hat usw. Treffen diese Eigenschaften nicht oder nur zum Teil zu, dann verspüre ich Verantwortlichkeit. Das ist die negative Seite und das spürt jeder Verkäufer. Will ein Verkäufer seinem Kunden Verantwortung zumuten? Eher nicht; deshalb kommen bei Seminarteilnehmern immer wieder negative Gedanken und mögliche Auswirkungen zur Sprache. So zum Beispiel: Ist der Empfohlene überrascht und will das Gespräch nicht, so könnte er sich beschwerend an den empfehlenden Kunden wenden und dadurch das Kundenverhältnis belasten. Das kann passieren. In der Praxis kommt es selten vor. Jeder weiß im Geschäftsleben, dass der Erfolg von guten Leistungen und Empfehlungen abhängig ist. Das ist eine bekannte und immer gültige Tatsache. Ein Arbeitnehmer weiß ebenfalls, dass das berufliche Fortkommen von seinen guten Leistungen und von der Förderung und Empfehlung seines Vorgesetzten stark beeinflussbar ist.

> Wir alle wissen, dass Empfehlungen das Wünschenswerteste und Selbstverständlichste der Welt sind.

Nur wer Probleme sucht, wird auch welche finden. Es gibt immer wieder Verkäufer, die der „Ja-aber-Typ" sind. Hier wird eingesehen, dass etwas ganz gut und verkaufbar ist – und jetzt kommt es: Nicht selten wird mit hoher Intelligenz und großer Energie nach den Punkten gesucht, die den Verkauf beeinträchtigen oder gar unmöglich machen. Dieser Typ blockiert sich selbst und bleibt erfolglos oder wird nicht ausreichend erfolgreich.

Mit Mut, Zutrauen und der richtigen Vorgehensweise wird die erfolgreiche Empfehlungsnahme erarbeitet. Dazu ein praktischer Fall: Das Coaching eines Agenturinhabers führte uns zu drei mittelständischen Unternehmen, die dem Agenturinhaber bekannt waren. Das Ergebnis war beeindruckend. Es wurden 22 qualifizierte Empfehlungen im Firmenbereich erarbeitet. Im Gespräch mit einem Firmeninhaber wurde durch den Agenturinhaber unmittelbar von Empfehlungen gesprochen. Der angesprochene Firmeninhaber war etwas abwartend und seine Körpersprache deutete auf Ablehnung. Das Gespräch wurde erfolgreich, nachdem wir folgende Fragen gestellt haben:

- Wen kennen Sie als mittelständischen Unternehmer?
- Kennen Sie den Inhaber der Firma X?

- Können Sie jemand aus dem Golfclub nennen?
- Mit welchen Unternehmen arbeiten Sie zusammen?

Es kamen sechs qualifizierte Empfehlungen zustande.
Im Privatkundengeschäft sind folgende Fragen passend:

- Mit wem haben Sie Kontakt?
- Kennen Sie jemand aus dem Sportverein?
- Wer ist in etwa gleichaltrig?
- Wie kann ich mit Ihrem Bruder usw. zusammenkommen?

Wenn Sie in dieser Weise vorgehen, stärken Sie Ihre positive Denkweise und erreichen mental eine gute Ausgangsbasis.

Zu 4.: Das Nein des Kunden Das Nein des Kunden können Verkäufer nur schwer ertragen, weil es uns persönlich trifft und sich die Erwartungen nicht erfüllt haben. Auch die Aussage, dass der Kunde das Produkt ablehnt und nicht uns als Persönlichkeit, ist im Verkauf von Finanzdienstleistungen bzw. Versicherungen nicht immer zutreffend. Es ist doch gerade die Verkäuferpersönlichkeit mit Ausstrahlung von Kompetenz, Sympathie und Glaubwürdigkeit, die den Verkauf richtungsweisend bestimmt. Kurz gesagt: Wir fühlen uns nicht wohl. Das trifft auch auf die Erarbeitung von Empfehlungen zu.

Eine Ablehnung von Empfehlungen oder die Aussage, dass man sich das erst überlegen muss, ist sehr selten. Es ist in der langen Praxis bis jetzt einmal vorgekommen.

In einem Praxistraining wurde ein Gespräch mit dem Inhaber eines Stahlbauunternehmens im Rheinland mit 22 Mitarbeitern begonnen. Der Seminarteilnehmer, der den Firmeninhaber kannte, sagte, dass er Kontakte zu mittelständischen Unternehmen braucht, um diese als neue Kunden zu gewinnen und er ihn daher „um Empfehlungen bitte" (falsche Ansprache). Der Firmeninhaber antwortete damit, dass er grundsätzlich keine Empfehlungen gebe. Wenn sich jemand auf seinen Grundsatz bezieht, so ist dies ein „Killereinwand", der nicht beseitigt werden kann und eine noch so gut gemeinte Diskussion führt zu keinem anderen Ergebnis.

Der Seminarteilnehmer reagierte mit der typischen Vertreterplattitüde, nämlich, dass „er dafür Verständnis habe". Das war gar nicht gut. Sagen Sie selbstbewusst und klar, dass Sie das „akzeptieren".

Das Gespräch ist gescheitert. Aber nachdem vorher aus drei Unternehmen 14 qualifizierte Empfehlungen erarbeitet worden sind, war dieser Einzelfall kein Beinbruch.

Es gibt noch eine weitere Möglichkeit, die wir aber als Verkäufer ablehnen. Äußerst selten – mehr im Privatkundengeschäft – kommt es vor, dass Adressen mit allen Angaben genannt werden und der Empfehlungsgeber ausdrücklich darauf hinweist, dass wir uns nicht auf ihn berufen sollen und nicht angeben dürfen, dass er uns die Empfehlung gegeben hat. Diese Adressen werden nicht bearbeitet. Stellen Sie sich vor, dass der Empfohlene danach fragt, wer ihn empfohlen hat und man antwortet, dass das ausdrücklich untersagt worden ist. Was soll der Quatsch? Auch wenn Sie wortreiche Erklärungen und Umschreibungen abgeben, wird eine vertrauensvolle Ausgangbasis in der Regel nicht erreicht.

Der Wert der Empfehlung besteht darin, dass eine Bezugnahme möglich ist und erklärt wird, dass eine Empfehlung an den Empfohlenen gegeben worden ist. Das ist doch der Vertrauensvorschuss usw. Sind die erhaltenen Adressen wertvoll, so gibt es andere und bessere Wege der Kontaktaufnahme.

Zu 5.: Die Bittsteller-Rolle

> „Ich habe ein Anliegen und ich würde mich sehr freuen, wenn Sie mich empfehlen würden. Dann könnte ich den Betreffenden aufsuchen und es wäre mir möglich, mit ihm etwas zu besprechen."

Geht es „bittstellerischer"? Kaum! Es ist unsere Denkweise und unsere Sprache, die uns in die Bittsteller-Rolle drängt. Natürlich hat ein Bittsteller ein „Anliegen". Dieser Ausdruck sagt uns jedoch nur, dass wir auf das Wohlwollen des Angesprochenen angewiesen sind und wir es uns herbeisehnen. Wie unangenehm! Das ist auch der Fall, wenn wir das Wort „Anliegen" nicht aussprechen, jedoch dazu das Gefühl haben. Das ist lästig und zugleich ein stark wirkender Hinderungsgrund.

Ergebnis: Wir vermeiden die Situation und werden nicht aktiv.

Sobald ein Verkäufer auch nur den geringsten Hauch einer Bitte oder gar eines Anliegens an den Kunden heranträgt, springt er als Bittsteller in die Mitleidskiste, klappt den Deckel zu und macht nichts mehr. Das ist normal, denn die Bittsteller-Rolle will niemand. Deshalb wird immer wieder versucht, durch Redewendungen die Bittsteller-Rolle zu umgehen, zu mindern oder zu beseitigen. Auch die „Einem-anderen-einen-Gefallen-tun"-Methode geht in diese Richtung. Hier wird suggeriert, dass es gar nicht um den Verkäufer geht, sondern um einen für den Verkäufer noch unbekannten zukünftigen Kunden, der gleichermaßen von den Möglichkeiten und Vorteilen des Produktes oder der Beratung profitieren soll. Dem Empfehlungsgeber werden Impulse für sein missionarisches Sendungsbewusstsein gegeben, für einen anderen hilfreich zu sein. Und es soll ja nicht zum Vorschein kommen, dass der Verkäufer der eigentliche Profiteur ist.

Die Bittsteller-Rolle wird wirkungsvoll bekämpft, wenn zwei Chancen genutzt werden:

1. Veränderung der Denkweise und der Sprache
2. Steigerung des Selbstbewusstseins

Vermeiden Sie die Sprache mit Konjunktiven. Der Konjunktiv ist die Sprachform des Bittstellers und Verlierers und gleichzeitig der Weichspüler für die Persönlichkeit. Je offener, je direkter, je natürlicher Sie sprechen, desto stärker wird Ihre Persönlichkeit erkennbar und beachtet.
Beispiele:

Nicht: „Ich würde. . . ", sondern: „Ich werde. . . "
Nicht: „Ich würde sagen. . . ", sondern: „Ich sage. . . "
Nicht: „Ich könnte. . . ", sondern: „Ich kann. . . "
Nicht: „Ich möchte. . . ", sondern: „Ich will. . . "

Beispielsweise mit folgenden Formulierungen verlassen Sie die Ebene der konkreten Aussagen:

„Ich könnte mir vorstellen, dass. . . "
„Ich würde denken, dass. . . "
„Ich würde glauben, dass. . . "

In Verkaufsverhandlungen sind konkrete und erkennbare Aussagen die erfolgreichen Trümpfe. Machen Sie sich außerdem bewusst, wer Sie sind! Sie sind wer!
Spricht ein Verkäufer aber mit der Attitüde und Ausdrucksweise eines Vertreters, so wird er auch so erkannt und behandelt. Ist die Sprache und Darstellung die eines Unternehmers, so ist dies eine Plattform der Ebenbürtigkeit mit Zutrauen und Vertrauen – auf Augenhöhe. Das zählt!
Eine bewusste Darstellung der Persönlichkeit und erreichter Erfolge beeinflussen das Selbstbewusstsein in einem positiven Sinn und wünschenswerten Ausmaß. Sprechen Sie mit einem Geschäftsführer, Unternehmer oder Geschäftsmann und Sie sind Agenturinhaber bzw. Versicherungsmakler, so sind Sie auch Unternehmer. Das ist eine Ebenbürtigkeit und die Weichenstellung zum Erfolg. Eine Steigerung des Selbstbewusstseins hat nichts mit Arroganz, Überzogenheit oder gar Ungehörigkeit zu tun. Es gilt immer die geschäftlich kaufmännische Verhaltensweise und der geschäftliche, sich gegenseitig respektierende Rahmen.

Wenn Ihre Sprache stimmig und Ihr Selbstbewusstsein gesteigert ist und Sie auf diese Weise die Bittsteller-Rolle weglegen, haben Sie die besten Voraussetzungen, um zielgerichtet und gekonnt die Empfehlungsnahme anzusprechen und zwar

- offen ohne manipulative Redewendungen
- ungekünstelt
- direkt ohne Umschweife
- persönlichkeits- und zielkonzentriert
- ohne Angst

Aus Ihrer Lebenserfahrung wissen Sie, dass, wenn Sie fragen, Sie eine Antwort erhalten und wenn Sie etwas fordern, werden Sie das, was Sie wollen, auch bekommen.

Kernaussagen aus Kap. 2

- Der Ansatz der Empfehlung nach Antragsaufnahme ist viel zu eng.
- Die Persönlichkeit mit Offenheit und Glaubwürdigkeit gewinnt.
- Als Persönlichkeit spielen Sie nicht die Rolle des Bittstellers.

Empfehlungsmanagement – anders und erfolgreich   **3**

Ein erfolgreiches Empfehlungsmanagement ist heute ein notwendiger und effizienter Weg zur Gewinnung neuer Kunden und damit ein grundlegendes, selbstverständliches und erfolgreich wirkendes Werkzeug, das zu einer neuen Leistungsdimension führt. In der Ausbildung, die nicht nur theoretisch sein darf, sondern mit unmittelbarer Praxisanwendung (Feldtraining) durchgeführt werden muss, werden sehr gute Erfolge erzielt. Somit wird die Eignung verschiedener Methoden nachgewiesen. Praxiserfolge stärken die Glaubwürdigkeit mit Zuversicht und Zielsicherheit.

In einem Praxistraining in Leipzig berichtete ein Verkäufer, dass er heute keinen Termin für einen Abschluss habe und dadurch kein Ansatz für die Erarbeitung von Empfehlungen gegeben ist. Als wir ihm erklärten, dass ein Abschluss nicht zwingende Voraussetzung für eine Empfehlung ist, sondern es nur auf den freundschaftlichen bzw. geschäftsfreundschaftlichen Kontakt ankommt, fiel ihm spontan niemand ein. Etwas später erzählte er in einem anderen Zusammenhang, dass er sich kürzlich ein neues Auto bestellt habe. Na, prima! Das ist doch ein sehr guter Hinweis! Wir haben den Autoverkäufer aufgesucht und unser Verkäufer, dem wir die Empfehlungsnahme vorgemacht haben, war überrascht, dass das leichter funktionierte als er dachte und unser Gespräch zu vier Empfehlungen geführt hat (zwei Lackierbetriebe, ein Betrieb zur Fahrzeugreinigung und ein Installationsbetrieb aus dem privaten Bereich des Autoverkäufers). Das löste bei unserem Verkäufer Überraschung und Begeisterung aus. Bei einem späteren Zusammentreffen mit dem Verkäufer waren wir dann begeistert, denn aus den vier Empfehlungen hatte er drei neue Firmenkunden gewonnen.

In einem weiteren Praxistraining mit einem jungen Verkäufer, der erst kurz zuvor in die Versicherungsbranche kam, war das genauso. Er hatte noch keine Kunden; aber er hatte einen etwa gleichaltrigen Freund, den wir ansprechen konnten. Es wurden elf qualifizierte Empfehlungen erarbeitet – und zwar von ebenfalls jüngeren Interessenten. Es wurden Name, Vorname, Alter, Beruf und Adresse

H.-G. Schumacher, D. F. Kindermann, *Strategisches und qualifiziertes Empfehlungsmanagement*, DOI 10.1007/978-3-658-01555-8_3,
© Springer Fachmedien Wiesbaden 2013

angegeben. Nach 5 bis 6 Wochen erhielten wir von diesem Verkäufer eine interessante Erfolgsmeldung: Es wurden Versicherungen unter Einbezug der Berufsunfähigkeit mit einer Bewertungssumme von 236.000 € abgeschlossen. Wir sprechen von einem anderen und erfolgreichen Empfehlungsmanagement. Erfolgreich heißt aber auch, dass der Verkäufer die Methodik übernimmt, keine Vorbehalte hat und tatsächlich anwendet. Es wird auf geschickte oder gar trickreiche Ansätze verzichtet.

Ziel Nach dem Kennenlernen der Empfehlungsstrategie und Anwendung in der Praxis, sind Sie in der Lage, systematisch, selbstständig und erfolgreich Empfehlungen zu erarbeiten. Sie erhalten positive Resonanzen auf Ihre Tätigkeit und Bestätigung zu Ihrer Persönlichkeit. Sie entwickeln noch mehr Begeisterung für Ihre Verkaufstätigkeit als zuvor und gewinnen Ansehen und Anerkennung.

3.1 Persönlichkeitsstärke des Verkäufers als Unternehmer

Bei der Empfehlungsnahme geht es nicht um noch so schöne Redewendungen, um etwas sprachlich Geschicktes als Erfolgsrezept und erst recht nicht um trickreiche Vorgehensweisen, sondern ausschließlich um die **Persönlichkeitsstärke** des Verkäufers. Ist der Verkäufer überzeugend, so sind das Produkt und die Empfehlungsnahme überzeugend.

Bei einem strategischen und erfolgreichen Empfehlungsmanagement, das die Akzeptanz durch den Verkäufer hat und zu mehr Erfolg führt, müssen die bisherigen Ausgangspunkte verändert und die Überlegungen erweitert werden. Dadurch werden auch die Chancen vergrößert. Dies ist ein wesentlicher Strategiewechsel mit folgenden Ansätzen:

1. Weg von der Vertreterattitüde und hin zur Stärkung der Persönlichkeit, um eine gekonnte, unkomplizierte und angstfreie Empfehlungsansprache im qualifizierten Geschäft durchzuführen.
2. Ebenbürtigkeit mit dem Empfehlungsgeber erreichen, um nicht der Bittsteller zu sein. Dies wurde bereits angesprochen.
3. Entwicklung eines eigenen strukturierten Empfehlungsgespräches, das Spielraum für eigene Ideen, eigene Denkweisen und die eigene Erfolgssprache lässt.
4. Eine hohe Frequenz kontrollierter Empfehlungsansprachen, um Dauerhaftigkeit und Nachhaltigkeit zu erzielen.

Mit dem strategischen Empfehlungsmanagement wollen wir bewusst den Verkauf im Firmengeschäft und im sonstigen gehobenen Geschäft angehen. Firmeninhaber, leitende Angestellte, Selbstständige (Ärzte, Rechtsanwälte, Architekten usw.) sind als Empfehlungsgeber die Gesprächspartner. Die Systematik des Empfehlungsmanagements ist auch im Privatkundengeschäft anwendbar, jedoch ist die Durchführung bei dem vorgenannten Kreis der Empfehlungsgeber ergiebiger.

Jeder von uns hat die Chance, sich zu entwickeln und zu verändern. Hierzu gehört als Voraussetzung, dass wir mehr als bisher über uns nachdenken und verändern wollen. Die erfolgswirksamste Veränderung ist die Entwicklung zur Unternehmerpersönlichkeit. Ziel ist es, die Reife und Demonstration zur Unternehmerpersönlichkeit mit Charisma zu erreichen. Charisma ist die Ausstrahlung von Erfolg, Souveränität und Glaubwürdigkeit (Souveränität bedeutet, über schwierigen Situationen zu stehen und sie zu lösen; Glaubwürdigkeit bedeutet Festigkeit, Erfüllungstätigkeit von Zusagen; das ist die ziel- und führungsorientierte Ausstrahlung). Eine weitere Definition für eine Verkäuferpersönlichkeit ist ebenfalls geläufig: Charisma ist die Ausstrahlung von Erfolg, Selbstbewusstsein und einem starken Lebensgefühl (Selbstbewusstsein bedeutet eine gesicherte, aber nicht überbetonte Eigendarstellung; das starke Lebensgefühl heißt Freude, Neugierde, eine feste berufliche, wirtschaftliche und private Lebenssituation; das ist eine sympathische, menschliche Ausstrahlung).

Die Basis für ein erfolgreiches Gespräch ist die Ebenbürtigkeit mit dem Gesprächspartner. Das heißt: Von Unternehmer zu Unternehmer sprechen, und es bedeutet unternehmerisches Denken, Sprechen und Handeln.

Viele Verkäufer (Agenturinhaber, Versicherungsmakler, Angestellte mit Verkaufsauftrag usw.) sehen sich als Unternehmer, fühlen sich so und werden als Unternehmer wahrgenommen. Die Demonstration und der Marktauftritt als Unternehmer sind erfolgsgerichtete Weichenstellungen, um Akzeptanz zu erreichen. Mut, Selbstbewusstsein und Tatkraft als Unternehmer stärken die Persönlichkeit des Verkäufers und sind die notwendigen Erfolgsgaranten.

Als Unternehmer motivieren Sie sich selbst durch persönliche, wirtschaftliche und unternehmerische Ziele. Ihre effektvolle Zielorientierung und -festigkeit treibt Ihr unternehmerisches Denken und Handeln vorwärts. Was soll nun durch ein solches auf Unternehmer ausgerichtetes Empfehlungsmanagement erreicht werden?

Ihre wesentlichsten Ziele sind:

• Konzentration auf einen hochwertigen Kundenkreis
• spezialisierte Marktaufstellung mit Unternehmen aus Mittelstand, Industrie und Selbstständigen
• Einsatz Ihrer Kompetenz, Erfahrung und Geschäftstüchtigkeit

- Expansion und Stabilität der Agentur/des Versicherungsmaklerbetriebes
- Ein langfristiges Entgegenwirken der demografischen Entwicklung im Privatkundengeschäft (Überalterung).
- Steigerung der Provisions-/Courtageeinnahmen.

Hierzu ein praktischer Fall Ein Agenturbetrieb, der sehr erfolgreich ist, hat sich aus kleinsten Anfängen mit dem notwendigen Privatkundengeschäft entwickelt und ist zur Größe gekommen. Er ist markterkennbar und hat in der Stadt mit 40.000 Einwohnern seine Bedeutung und eine positive Ausstrahlung. Der Agenturinhaber ist geschäftstüchtig und beliebt. Die Größe des Bestandes mit fast ausschließlich Privatkunden ist kostenträchtig und erfordert den vollen Einsatz des Agenturinhabers und seiner Familie. Die erreichte Bestandsgröße wächst jedoch nur mäßig. Es wurde eine arbeitsmäßige Teilung vorgenommen. So wird das Privatkundengeschäft von der Familie des Inhabers und einer Angestellten verkaufs- und verwaltungsmäßig bearbeitet. Das vorhandene Firmengeschäft wurde separiert und soll gesteigert und ausschließlich vom Agenturinhaber geführt und entwickelt werden.

Die Konzentration auf dieses Aufgabengebiet brachte den anvisierten Erfolg. Dieses Ergebnis wurde durch die Bekanntheit des Agenturinhabers, seines Netzwerkes mit Zugehörigkeit in verschiedenen Vereinen – auch Gewerbeverein – erreicht.

Hierzu zwei weitere praktische Fälle Ein Agenturinhaber, der vorher im Außendienst angestellt war, hat sich selbstständig gemacht und im ersten Tätigkeitsjahr 104 neue, vorwiegend kleinere, Unternehmen als Kunden gewonnen. Ein junger Versicherungsmakler, der sich von Anfang an auf Selbstständige und mittelständische Unternehmen konzentriert hat, konnte in einem Jahr durch die persönliche Direktansprache und durch Empfehlungsmanagement 36 Ärzte versichern und Unternehmen mit der betrieblichen Altersversorgung als Kunden gewinnen.

Der Versicherungsmarkt im mittelständischen Geschäft und im Kreis von Selbstständigen ist außerordentlich ergiebig. Ein Praxistraining mit Ansprache von Unternehmen und Selbstständigen ist mit und ohne Empfehlungen sehr offen. Die Ansprecherfolgsquote beträgt in der Regel zwischen 60 und 80 %, das heißt:

- Der ansprechende Unternehmer wird akzeptiert.
- Es werden firmenmäßige Angaben für die weitere Verhandlung erarbeitet.
- Es wird ggf. ein Besprechungstermin vereinbart.

Der Markt ist also offen und kann mit Empfehlungen in gekonnter Weise durch die persönliche Ansprache ausgeschöpft werden. In ganz seltenen Fällen wird angegeben, dass von einem Wettbewerber bereits ein Erstbesuch erfolgt ist.

Eine Empfehlung im Firmengeschäft ist von hoher Durchschlagskraft, weil die Ansprache erleichtert und ein Abwehrverhalten von den angesprochenen Empfohlenen äußerst selten bzw. schwach ausgeprägt ist. Mit der Bezugnahme auf den Empfehlungsgeber ergibt sich in der Regel eine angenehme Gesprächsatmosphäre.

Es ist die Erkenntnis aus der Praxis, dass aus zwei Empfehlungsgesprächen acht bis zehn Empfehlungen erarbeitet werden. Daraus resultieren sechs bis sieben Anbahnungskontakte, aus denen mindestens zwei neue Unternehmen als Kunden gewonnen werden, und es bestehen noch zwei bis drei positive Anbahnungen.

In einem Seminar in den neuen Bundesländern haben wir mit acht Verkaufspartnern einer Bezirksdirektion 382 qualifizierte Empfehlungen erarbeitet. Daraus wurden in 6 Monaten 52 neue Unternehmen akquiriert und 148 neue Verträge abgeschlossen.

Die Erarbeitung von Empfehlungen ist die wirkungsvollste Akquisitionsmethode, um im Firmengeschäft und im sonstigen gehobenen Geschäft Fortschritte zu machen.

3.2 Spielregeln für die Empfehlungsnahme

In unserem Leben ist alles geregelt. Es gibt Gesetze, Verkehrsregeln, Spielregeln, Golfregeln usw. Regeln bilden den Rahmen für ein geordnetes Vorgehen, um etwas zu erreichen. Stellen wir uns beispielsweise vor, es existierten keine Regeln für ein Fußballspiel. Dann gäbe es ein unübersehbares Chaos und ein schönes Spiel wäre auf keinen Fall gewährleistet.

Für das Empfehlungsmanagement sind bestimmte Regeln die Voraussetzung für den gewünschten Erfolg. Werden diese Regeln nicht beachtet und angewendet, führt dies mit Sicherheit in ein „Chaos".

Im Einzelnen sehen diese Regeln wie folgt aus:

1. Aussagekraft des Empfehlungsgebers
2. Eröffnung des Empfehlungsgesprächs
3. strukturierter Gesprächsleitfaden
4. Vorgehensweise zur Auswertung der erhaltenen Empfehlungen

Konzentrieren wir uns zunächst auf die Anzahl der Empfehlungsgeber sowie auf die Eröffnung des Empfehlungsgespräches und behandeln die weiteren Punkte in den nächsten Abschnitten.

Wird nicht der geeignete und gut ansprechbare Empfehlungsgeber ausgewählt, so ist das eine Weichenstellung in die falsche Richtung. Machen wir es uns leicht. Beginnen Sie mit jemandem, der Ihnen persönlich bekannt ist und mit dem Sie per Du sind.

Notieren Sie bitte spontan fünf Personen, die Sie kennen:

1. _____
2. _____
3. _____
4. _____
5. _____

Jetzt fällt Ihnen auf, dass es sich vielleicht nicht um Kunden handelt, sondern um persönliche Kontakte aus dem Bekannten- und Verwandtenkreis.

Zum nächsten Punkt: Jeder Verkäufer hat „Lieblingskunden". Er kann zum Beispiel dort jederzeit einen Besuch machen und ist ein gern gesehener Gast. Hier ist eine gute Basis und Atmosphäre gegeben.

Notieren Sie spontan fünf „Lieblingskunden":

1. _____
2. _____
3. _____
4. _____
5. _____

Es kommen Firmenkunden in Frage, zu denen Sie einen guten persönlichen und arbeitsmäßigen Kontakt haben. Der Besuch erfolgt ohne besonderen sonstigen Anlass, sondern ausschließlich mit dem Ziel, Empfehlungen zu erarbeiten. Das ist in unserer Praxis der Regelfall.

Notieren Sie bitte spontan fünf Unternehmen (die Größe spielt keine Rolle):

1. _____
2. _____
3. _____
4. _____
5. _____

Noch ein Punkt: Welche Firmeninhaber, Selbstständige und sonstige Geschäftsleute kennen Sie, die noch keine Kunden bei Ihnen sind? In einem Praxistraining hatte ein Agenturinhaber zu drei Unternehmen, die dem Förderverein der Freiwilligen Feuerwehr angehören, einen guten Kontakt, weil er die örtliche Freiwillige Feuerwehr leitete. Das Ergebnis war außerordentlich erstaunlich. Es wurden 22 qualifizierte Empfehlungen erarbeitet.

Notieren Sie bitte fünf solche Unternehmen:

1. _____
2. _____
3. _____
4. _____
5. _____

Was soll diese Vorgehensweise? Es soll vermieden werden, dass hauptsächlich ein gelegentliches Ansprechen erfolgt, sondern eine stetige und systematische Erfassung des Gesprächspartners durchgeführt wird. Das ist der Schlüssel zum Erfolg.

Neben dieser Systematik kann selbstverständlich jede sich bietende Gelegenheit genutzt werden. Dies ist dann der Fall, wenn

- ein Servicegespräch geführt wird oder
- eine Schadenabwicklung usw. erfolgt.

Mit der geschilderten Vorgehensweise haben Sie erhebliche Chancen und sind nicht darauf angewiesen, dass der Betreffende bei Ihnen gerade etwas abgeschlossen hat.

Zu 2: Gesprächseröffnung und Gespräch zur Empfehlungsnahme Jeder Verkäufer weiß, dass der erste Satz oder die ersten Sätze in einem Gespräch richtungsweisend sind und das Gesprächsklima bestimmen. Deshalb wird immer wieder versucht, durch „Aufwärmfloskeln" das Zusammentreffen angenehm zu lenken.

So zum Beispiel:

„Haben Sie einen wunderschönen Blick auf die Stadt!"
„Das Bild ist ein schönes Portrait!" (dabei handelt es sich um ein Blumenbild) usw.

Das geht im Firmengeschäft und im gehobenen Geschäft natürlich nicht. Zu Beginn der Verkaufsverhandlung lässt sich dagegen Folgendes zum Beispiel sagen:

„Ich habe mich auf das Gespräch mit Ihnen vorbereitet und dabei ist mir aufgefallen, dass Ihr Versicherungsschutz ergänzt werden muss. Das müssen wir gemeinsam überlegen."

„Bei Überprüfung der Marktaktualität Ihrer Versicherungsverträge ist mir klar geworden, dass deutliche Verbesserungen erreichbar sind. Das müssen wir gemeinsam besprechen."

„In unserem letzten Gespräch haben Sie sich vorgenommen, noch dringend zwei neue Mitarbeiter einzustellen. Ich wünsche Ihnen, dass das geklappt hat."

Das ist die Gesprächsebene unter Unternehmern – sie ist frei von „Vertreterplattitüden" wie zum Beispiel:

- „Ich war gerade in der Nähe, da wollte ich mal vorbeischauen."
- „Ich komme heute zu Ihnen. . . "
- „Ich denke, das ist für Sie wichtig. . . "
- „Offen und ehrlich gesagt. . . "
- „Ich bin unterwegs in Sachen. . . "

Gespräche in unserem Segment, also unter Unternehmern, Selbstständigen, leitenden Angestellten, sind immer mit dem Grundsatz der Offenheit, Direktheit und Natürlichkeit zu führen und da wir auf einer gemeinsamen Gesprächsebene stehen, können wir durchaus sagen:

„Wir (Unternehmer zu Unternehmer) müssen das Miteinander besprechen."

„Unsere gemeinsamen Überlegungen waren das letzte Mal, dass . . . "

„Der steuerliche Aspekt ist für Sie als Unternehmer und für mich in der Situation sehr interessant."

Gehen wir davon aus, dass die Empfehlungsnahme mit einem guten Freund/ Bekannten erfolgt. Sie können zur Gesprächseröffnung sagen:

„Ich freue mich, dass wir zusammensitzen, um . . . "

„Das Gespräch mit Dir ist für mich außerordentlich wichtig . . . "

„Für mein Unternehmen muss ich eine wesentliche Expansion einleiten; das will ich mit Dir besprechen . . . "

„Ich brauche Dich, weil Du mit Deiner Erfahrung mir Ratschläge geben kannst . . . "

Wie fühlt sich der Angesprochene und wie wird er reagieren?

Gesprächsoffen?	ja ☐	nein ☐
Neugierig?	ja ☐	nein ☐
Wichtig genommen?	ja ☐	nein ☐
Verschlossen/abgeneigt?	ja ☐	nein ☐

Nach einer solchen Gesprächseröffnung ergibt sich logischerweise auch die Fortführung des Empfehlungsgespräches in dieser Art. Der vorgenannte Grundsatz führt zudem zur **Ebenbürtigkeit** mit dem Empfehlungsgeber; also zum Beispiel von Unternehmer zu Unternehmer. Die Gesprächsebene ist ein **geschäftsfreundschaftliches Gespräch** mit der erfolgsträchtigen Ungezwungenheit, der im Geschäftsleben erreichbaren Zielorientierung und mit konkreten Absprachen. Die Atmosphäre ist außerordentlich natürlich und erzeugt, sowohl beim Empfehlungsgeber als auch bei Ihnen, eine angenehme Wohlfühlsituation.

Sie erkennen: Mit einer solchen Gesprächsführung und Empfehlungskultur ist man meilenweit von der Rolle als Bittsteller entfernt.

Es wird großer Wert darauf gelegt, dass Sie authentisch bleiben; das heißt: Sie machen Ihre persönliche Echtheit in Verbindung mit dem vorgenannten Grundsatz zur Erfolgsbasis.

Notieren Sie bitte drei Sätze zur Gesprächseröffnung mit Ihren Überlegungen und in Ihrer Sprache:

1. _____
2. _____
3. _____

Wenn Sie jetzt mitgemacht haben, ist der erste richtige Schritt getan.

Kernaussagen zu Kap. 3

- Erfolg in der Erarbeitung von Empfehlungen ist die disziplinierte Systematik.
- Die Nutzung der Erfolgschance ist das Zünglein an der Waage.
- Das geschäftsfreundschaftliche Gespräch ist der Trumpf.

Strategie zur Erarbeitung von Empfehlungen

4

Das strategische Empfehlungsmanagement ist kein Empfehlungsmarketing mit zum Beispiel einem Anschreiben an Kunden, der Auslobung einer Prämie oder Preises, der Zahlung eines Bonus für eine Adresse oder der Übergabe eines Werbepräsentes mit einer Visitenkarte zur Weitergabe, sondern eine unmittelbare und persönliche Aktivität im Gespräch mit einem Empfehlungsgeber. Die Neukundengewinnung ist das Ziel.

Der Weg dorthin besteht aus drei Phasen:

1. Empfehlungsgespräch mit dem Empfehlungsgeber
2. Ansprache des Empfohlenen
3. Abschlussverhandlung

Der heutige Käufer hat sich in seinem Kaufverhalten entscheidend verändert. Das kennen Sie von Ihren eigenen Einkäufen. Der Käufer ist heute, kritischer, preisbewusster, informierter, überlegter und vergleichsbereiter. Sie haben es schon häufig selbst erfahren: Ein Vergleich lohnt sich. Wenn wir die veränderten Verhaltensweisen unseres Kunden nicht erkennen und entsprechend reagieren, arbeiten wir an ihm vorbei und erreichen ihn nicht. Daher lautet der Grundsatz für die Verkaufsansprache: Kein Vorschlag zu einem Produkt, sondern zu einem Vergleich!

Eine Vergleichsgrundlage ist die Gegenüberstellung des gegebenen Versicherungsschutzes mit den Marktmöglichkeiten. Dadurch ergibt sich eine Überprüfung der bestehenden Versicherungsverträge auf Marktaktualität und Optimierung der Versicherungsleistungen im Schadensfall. Ein Vergleich ist für den Kunden eine wünschenswerte Kontrolle und es ist für Sie wichtig, dass der Kunde den Vergleich im Hinblick auf die Grunddeckung und Deckungserweiterungen usw. in der Regel

H.-G. Schumacher, D. F. Kindermann, *Strategisches und qualifiziertes Empfehlungsmanagement*, DOI 10.1007/978-3-658-01555-8_4,
© Springer Fachmedien Wiesbaden 2013

nicht selbstständig durchführen kann. Sie werden demnach gebraucht – und das ist eine starke Motivationslage.

Der Angesprochene assoziiert:

• Vergleiche mache ich immer, wenn ich einkaufe.
• Vergleich macht reich.
• Ein Vergleich kann nicht schaden und ist eine Kontrolle.

In der Ansprache von Unternehmen zur Sachversicherung ist ein Vergleich ein wirkungsvolles Instrument. Aber auch in der betrieblichen Altersversorgung ist ein Vergleich zu den bisherigen Festlegungen interessant. Hier können die bisherigen rechtlichen, haftungsmäßigen und kommunikativen Vorgehensweisen verglichen und verbessert werden.

Die Praxis zeigt, dass hierzu ein hoher Informationsbedarf besteht. Häufig erfolgt die Ansprache bei dem Empfohlenen nur mit einem Produkt oder mit einem wahnsinnig tollen einzelnen Tarif. Der Erfolg tendiert dann gegen null, wenn etwas angeboten wird, was der Kunde entweder schon hat oder es zumindest bereits kennt und deshalb davon keinen Gebrauch macht.

Erfolgsträchtig ist dagegen ein „Aufreißartikel", der

• neugierig macht,
• als interessant und prüfbar angesehen wird und
• der für den Angesprochenen etwas anderes oder zusätzliches als Vorteil bringt.

Eine zündende **Geschäftsidee** ist der Trumpf! Zu der Geschäftsidee muss die Kompetenz und die Realisierungsfähigkeit des Verkäufers sowie das greifbare Produkt passen. Im Vordergrund steht und bleibt die Geschäftsidee. Nachfolgend sind einige Geschäftsideen aufgeführt. Es kommt nicht darauf an, alle Geschäftsideen zu realisieren, sondern vielmehr, sich auf solche Geschäftsideen zu konzentrieren, die für Sie einsetzbar sind.

Einzelne Geschäftsideen:

1. **Kostenersparnisse zu allen betrieblichen Versicherungen im Firmengeschäft**
   Bei mittelständischen Unternehmen ergeben sich hierzu sehr gute Möglichkeiten. In vielen Fällen sind die vorhandenen Versicherungsverträge nicht marktkonform. Eine Besprechung erbringt häufig Kostenersparnisse zwischen 10 und 30 %
2. **Erarbeitung einer schriftlichen Risiko- und Versicherungsanalyse**
   Dieses Instrument wird leider bei mittelständischen Unternehmen viel zu wenig eingesetzt. Eine solche Vorlage und Besprechung ergibt immer eine positive

Resonanz und führt zu einer dauerhaften Geschäftsbasis. Als Serviceleistung wird diese Analyse einmal jährlich besprochen und aktualisiert.

3. **Erhöhung der Durchdringungsquote auf mindestens 60 %**
   Mit einer gezielten und bewährten Vorgehensweise wird eine deutliche höhere Durchdringungsquote als bisher erreicht. Hier sind sehr gute Erfolgschancen vorhanden, die im Hinblick auf den Fachkräftemangel und die negative demografische Perspektive genutzt werden können.

4. **Betriebliche Altersversorgung: tarifvertragliche Vereinbarungen zur Altersversorgung von Mitarbeitern**
   Diese Form wird an Boden gewinnen.

5. **Wertkonten für leitende Angestellte**
   Bei größeren Unternehmen ist diese Geschäftsidee eine sehr wirkungsvolle Möglichkeit, Kontakt aufzunehmen. Diese Überlegung basiert auf dem sogenannten Arbeitszeitkontenmodell und ist als Angebot für leitende Angestellte gedacht.

6. **Versorgungswerk für freie Berufe (Ärzte, Anwälte, Apotheker, Architekten, Steuerberater)**
   Ein Vergleich der Besteuerung bis 31.12.2004 mit den Auswirkungen des Alterseinkünftegesetzes seit dem 01.01.2005 zeigt, dass durch die Nachbesteuerung eine erhebliche Absenkung der Versorgungsleistungen erfolgt. Diese Reduzierung kann durch steuerliche Auswirkungen zum Nulltarif zum Teil ausgeglichen werden.

7. **Kapitalisierung für freie Berufe (Ärzte, Anwälte, Apotheker, Architekten, Steuerberater)**
   Durch Antragstellung kann die Altersrente zum 60. Lebensjahr vorgezogen werden. Gleichzeitig muss der sehr hohe monatliche Regelbeitrag nicht mehr geleistet werden. Der Betrieb, die Praxis usw. kann bis zum 65. Lebensjahr in der Regel weitergeführt werden. Die Kapitalbildung liegt über 200.000 €

8. **Steuermodell anstelle Abschreibungsmodell**
   Steuerlich begünstigte Abschreibungsmodelle sind nicht mehr möglich. Eine gesetzlich festgelegte Steuerersparnis ist durch das Alterseinkünftegesetz seit 2005 gegeben. Bei einer Zahlung von 40.000 € wird eine Steuerersparnis von über 12.000 € bei einem angenommenen Steuersatz von 42 % ohne Solidaritätszuschlag und Kirchensteuer erreicht.

9. **Steuerlich geförderte Beitragszahlung zum 65. Lebensjahr zur Krankenvollversicherung**
   Der Krankenversicherungsbeitrag, der bis zum 65. Lebensjahr steigen wird, muss aus dem Alterseinkommen des Gewerbetreibenden, des Selbstständigen usw. gezahlt werden. Das ist schwierig. Eine Beitragssicherung kann durch das Bürgerentlastungsgesetz und durch das Alterseinkünftegesetz erreicht werden.

10. **Prüfung der Sozialversicherungspflicht für Familienangehörige**
Die Sozialversicherungspflicht der mitarbeitenden Ehegatten usw. kann bei entsprechenden Voraussetzungen entfallen.
Diese und weitere Geschäftsideen führen in der Ansprache von Neukunden zum Erfolg. Ihre Empfehlung erhält Substanz und Gewicht.

4.1 Strategiepunkte

Nur drauflos reden ist nicht ausreichend erfolgreich. Zur Strategie gehört ein strukturierter Gesprächsplan.
Folgende Punkte sind wichtig:

1. Wer kann Empfehlungen geben?
2. Die Empfehlung bezieht sich auf...
3. Motive für den Empfehlungsgeber.
4. Das Empfehlungsgespräch im qualifizierten Geschäft.
5. Vorschlag für ein konstruktives Empfehlungsgespräch.

Zu 1. Wer kann Empfehlungen geben? Sie werden es ahnen. Das ist nicht primär der Kunde, der gerade gekauft hat. Das ist viel zu eng. Die Erweiterung des Kreises der Empfehlungsgeber ist eminent wichtig, weil die Erfolgschancen deutlich gesteigert werden.

Wer also kann die Empfehlungen geben? Die Antwort ist verblüffend einfach: jeder, zu dem ein freundschaftlicher oder geschäftsfreundschaftlicher Kontakt besteht. Gleichgültig, ob der Betreffende Kunde oder Nichtkunde ist und das zu jeder Zeit und zu jeder Gelegenheit. Der Betreffende kann also Firmenkunde oder ein Firmeninhaber mit persönlichen Beziehungen oder auch noch kein Kunde sein, ebenso denkbar sind alle Freunde, Bekannte, Verwandte, Vereine, Verbände und auch Innungen.

Überall sind daraus verwertbare Empfehlungen zu erarbeiten. Der Kreis der möglichen Empfehlungsgeber besteht also keinesfalls nur aus dem gerade abschließenden Kunden, sondern ist viel weiter zu fassen – und das ist eine interessante Ausrichtung. Der daraus erweiterte Beziehungskreis bietet nahezu unerschöpfliche Chancen zur Erarbeitung geeigneter und qualifizierter Empfehlungen.

Und jetzt noch etwas aus der konkreten Praxis: Mit der Auswahl des Empfehlungsgebers bestimmen Sie das Niveau und die Qualität des empfohlenen neuen

Kunden. Ist der Empfehlungsgeber Inhaber eines mittelständischen Betriebes, so ist es naheliegend, dass weitere Mittelständler empfohlen werden. Genauso: Ist der Empfehlungsgeber jugendlicher Arbeitnehmer, so stammen die Empfohlenen vorwiegend aus seiner Beziehungswelt – es sind also ebenfalls jugendliche Arbeitnehmer.

Es ergibt sich somit die Möglichkeit einer gezielten Markterfassung und Marktdurchdringung – und das ist wichtig und ein lukrativer Aspekt.

Diese Überlegungen gehen sogar soweit, dass mit diesem Empfehlungsmanagement bestimmte Zielgruppen strategisch forciert werden können. Denken wir zum Beispiel an Ärzte als Zielgruppe. Ein empfehlender Arzt hat vielfältige Kontakte zu Kollegen.

Zu 2. Die Empfehlung bezieht sich auf... Alle Überlegungen richten sich in der Regel auf das Produkt. Ist das in der Finanzdienstleistungs- und Versicherungsbranche zweckmäßig und richtig? Die Produkte der Finanzdienstleistungs- und Versicherungsbranche sind sehr erklärungsbedürftig und werden häufig vom Kunden nicht in allen Punkten und Spezialisierungen erfasst.

Die Produktfaszination spielt keine so große Rolle wie bei einem schönen Auto, der Leistung eines sonstigen technischen Produktes, eines kulinarischen Hochgenusses, eines Modeartikels oder dergleichen. So bin ich zum Beispiel von meinem Auto absolut begeistert und schwärme von seinem Komfort, der Sicherheit und der fortschrittlichen Technik und empfehle das Auto sogar mit etwas Stolz. Ein Versicherungsnehmer dagegen hat dazu eine andere Einschätzung, nämlich dass er etwas, zum Beispiel eine Hausratversicherung, Rentenversicherung usw. abgeschlossen hat und dass dies wichtig ist; aber diese positive Erkenntnis reduziert sich sehr schnell.

Die Produktempfehlung steht im Finanzdienstleistungs- und Versicherungssektor nicht so sehr im Vordergrund. Gerade das ist für den Verkäufer von Vorteil und bietet enorme Chancen. Denn wenn eine Empfehlung ausgesprochen wird, ist der Verkäufer mit seiner Persönlichkeit in erster Linie gemeint. Das ist wichtig und spannend.

Sie sind empfehlenswert, weil Sie

- Sympathie, Erfolg, Souveränität und Glaubwürdigkeit ausstrahlen
- Fachkompetenz zeigen
- über Erfahrung verfügen
- Handlungs- und Reaktionsfähigkeit bewiesen haben
- verlässliche Betreuung und guten Service bieten
- Engagement zeigen und erreichbar sind

Für Empfehlungen in der Finanzdienstleistungs- bzw. Versicherungsbranche sind das Produkt oder der Versicherer also von geringerer Bedeutung. In anderen Branchen wird dem jeweiligen Produkt mehr Gewicht beigemessen. Nun zu der wichtigsten Frage: „Sind Sie zu empfehlen?" Die Antwort kann nur lauten: „Ja." Die Empfehlungsstrategie ist also nicht produkt- und unternehmensabhängig, sondern sie ist personenkonzentriert.

Erkenntnis: Sie werden empfohlen und zwar als **Verkäufer und Unternehmerpersönlichkeit.**

Zu 3. Motive für den Empfehlungsgeber „. . . und nun dürfen Sie (lieber Kunde) jemandem einen Gefallen tun: Der Betreffende soll auch so eine gute Beratung wie Sie erhalten und das Produkt kaufen können." Wichtig: Der Betreffende weiß gar nicht, dass es überhaupt so etwas Interessantes gibt, das Sie gerade gekauft haben!

Mit der häufig zur Anwendung empfohlenen Formulierung, dass man einer anderen Person – also dem Empfohlenen – einen Gefallen tue und ihm etwas gönnt, wird nicht die hauptsächlichste Motivation des Empfehlungsgeber getroffen.

Die Erkenntnis, dass die Persönlichkeit des Verkäufers für die Empfehlung ausschlaggebend ist, bestimmt die Ausgangssituation. Der Verkäufer hat im qualifizierten Geschäft zum Firmeninhaber/Geschäftsführer, der schon Kunde ist, in der Regel gute Kontakte und vielfältige Beziehungen mit wechselseitiger Anerkennung und Wertschätzung. Es sind die positiven Signale aus der Vergangenheit, die der Geschäftspartner aus der Verbindung registriert und zu einem positiven Bild des Verkäufers und der zwischenmenschlichen Beziehung summiert. In dieser Atmosphäre des geschäftlich basierten Vertrauens ist eine Empfehlung sehr gut zu erarbeiten. Voraussetzung dafür ist, dass das Gespräch offen, direkt und zielbewusst ohne Winkelzüge geführt wird. Der Erfolg resultiert ganz wesentlich aus dem eigenen Verhalten.

Die hauptsächliche Motivation für den Empfehlungsgeber ist die vorhandene grundsätzliche Hilfsbereitschaft. Jeder will helfen. Es ist deshalb nicht die Frage, *ob* er dem Verkäufer helfen will, sondern *wie* er helfen wird.

Von Beginn des Empfehlungsgespräches an bewegen ihn diese Gedanken (Helfer-Syndrom): **Helfen macht stolz!** Diese Aussage trifft den Nagel auf den Kopf. Mit jeder Spende, die Sie machen, zum Beispiel in einem Katastrophenfall, sind Sie stolz auf sich und insbesondere fühlen Sie sich wohl.

Der Empfehlungsgeber erhält durch die Empfehlung ein absolut richtiges und gutes Gefühl. Richtig ist: Es tut gut, Gutes zu tun. Diese Feststellung stärkt die sich verbindende, geschäftsfreundschaftliche, erzielbare **Empfehlungspartnerschaft.** Diese Empfehlungspartnerschaft löst bei dem Empfehlungsgeber vielfältige Überlegungen und Aktivitäten aus; er ist interessiert, er denkt und arbeitet mit, er bringt sich selbst ein.

4.1.1 Erkenntnisse und Vorgänge aus der Praxis

Es kommt immer wieder vor, dass Empfehlungsgeber von sich aus anbieten, mit den empfohlenen Unternehmen Kontakt aufzunehmen, um zu prüfen, ob und inwieweit Interesse besteht. Das ist sicherlich sehr vorteilhaft, weil dadurch eine Selektion und eine Steigerung der Qualität der Empfehlung erreicht wird. Es ist eine interessante Vorbereitung, die nur dann gelingt, wenn Sie

- dem Empfehlungsgeber eine Geschäftsidee erklären, die er versteht und die er weitergeben kann, um Neugierde auf den Nutzen für den Empfohlenen zu wecken.
- das Gespräch zwischen Empfehlungsgeber und Empfohlenen möglichst unmittelbar persönlich und nicht telefonisch erfolgt.

Der Geschäftsführer eines größeren Autohauses hat sich aus Anlass seines sehr guten Kontaktes zu seinem Agenturunternehmer bereit erklärt, die ihm bekannten Auftragnehmer, Lieferanten, sonstigen Kontakte und Kunden mit einem Empfehlungsschreiben zu kontaktieren. Dieses Empfehlungsschreiben wird **nicht versandt**, sondern dem Agenturunternehmer übergeben, um auf diese Weise den Zugang zu den empfohlenen Unternehmen zu erleichtern. Das ist also die Eintrittskarte. Die Vorgehensweise ist erfolgreich.

Als Anregung ist der Text dieses Anschreibens wiedergegeben.
Empfehlungsschreiben des Autohauses
an:
Firmenverbindungen (Lieferanten usw.) und Firmenkunden
. . . .
(GF/Inhaber/Prokurist)
. . . .
. . . .
Kostenersparnisse zu allen betrieblichen Versicherungen
Sehr geehrter Herr/Frau. . . . .,
wir freuen uns über den geschäftlichen Kontakt zu Ihnen. In unserem Haus haben wir durch die Verbindung zur Fa. (Agentur) die Möglichkeit, Ihnen einen interessanten Hinweis zu geben.

Der Versicherungsmarkt ist in erheblichem Ausmaß in Bewegung, so dass wichtige **Kosteneinsparungen** erreicht werden.
Eine Überprüfung der bestehenden Versicherungsverträge ist für Sie von großer Bedeutung.
Wir haben Sie an Herrn/Frau. . . . . empfohlen, der/die Sie in Kürze aufsuchen wird.
Wir wünschen Ihnen ein interessantes Gespräch.
Mit freundlichen Grüßen

Ein weiterer Fall: Ein größeres Unternehmen mit vielen Firmenkontakten, sowohl bei Auftragsnehmern als auch bei Kunden, hat sich entschieden, einen Flyer zu drucken und bereitzulegen. In dem Flyer wird die Versicherungsmaklerfirma beschrieben, der Inhaber, die Aufgaben und der besondere Service, der darin besteht, dass eine Durchsicht aller Versicherungsverträge erfolgt, um die Marktaktualität und die Optimierung des Versicherungsschutzes zu erreichen. Es wird nicht erwartet, dass eine hohe Rücklaufwelle eintritt, aber es ist eine eindrucksvolle und wohltuende Demonstration zur Identifikation des Empfehlungsgebers mit der Versicherungsmaklerfirma. Diese Hinweise zeigen das Engagement und die Eigeninitiative des Empfehlungsgebers. Weitere Überlegungen werden nachfolgend behandelt.

Zu 4. Das Empfehlungsgespräch im qualifizierten Geschäft. Ein Empfehlungsgespräch ist ein Gespräch unter (Geschäfts-)Freunden. Das ist die beste Voraussetzung. Ein solches Gespräch basiert auf Vertrauen; es erfordert Offenheit und Glaubwürdigkeit und findet für beide Gesprächspartner auf Augenhöhe statt. Beide zeigen die wechselseitige Wertschätzung und den geschäftlich-freundschaftlichen Respekt. Eine solche Ausgangssituation bietet die Grundlage für ein gegenseitiges Verständnis. Der Empfehlungsgeber erhält dabei Einblick in die Denkweise und Ihre geschäftlichen Vorstellungen. Wenn Sie ihm zum Beispiel sagen, dass Sie für die Weiterentwicklung Ihres Betriebes eine Strategie für die Zukunft festgelegt haben, die sich zum Beispiel auf das Marktsegment Firmenkunden konzentriert, wird Ihr Gesprächspartner Sie verstehen. Um Ihr Unternehmen auszurichten, ist es von Vorteil, die Meinung des Empfehlungsgebers zu hören. Er ist ein Zuhörer mit Sachverstand und ein guter Ratgeber. Sagen Sie ihm genau das! Beziehen Sie den Empfehlungsgeber in Ihre geschäftlichen Überlegungen und Ziele mit ein. Damit bewirken Sie eine betont positive Aufwertung des Empfehlungsgebers und es macht ihn stolz, dass er um seine Meinung gefragt wird und er Ihnen weiterhelfen kann. Es ist für ihn wohltuend zu erkennen, dass sein Rat für Sie wichtig ist. Er macht sich deshalb Gedanken, in welcher Weise er Ihnen bei der Realisierung Ihrer

Vorstellungen und Ziele behilflich sein kann. Sie wecken sein Interesse, Ihnen mit Tipps, Hinweisen, Zustimmungen und mit eigenen Bemühungen weiterzuhelfen. Der Empfehlungsgeber engagiert sich für Ihre Ideen und er fördert Ihre Interessen. Auf diese Weise entsteht eine gemeinsame Plattform zur Realisierung Ihrer geschäftlichen Vorhaben; sie wird als Vertrauensbasis gewertet.

Das ist die entscheidende Basis für ein Gespräch unter Geschäftsfreunden, das zu einer Empfehlungspartnerschaft führt. Dadurch, dass Sie den Empfehlungsgeber in Ihre geschäftlichen Überlegungen einbeziehen, sitzt er gemeinsam mit Ihnen in einem Boot. Der Empfehlungsgeber rudert mit und will, dass die Ziellinie erreicht wird. Ein solches Gespräch können Sie mit jedem führen, den Sie als ebenbürtigen Gesprächspartner wünschen. Das kann ein Firmenkunde sein, ein Geschäftsinhaber, den Sie als Kunden gewinnen möchten, ein Unternehmer aus Ihrem privaten Bekanntenkreis oder ein Freund aus dem Tennis- oder Golfclub.

Die Quellen für Empfehlungen sind nahezu unerschöpflich. Das Gespräch unter Geschäftsfreunden kennen Sie aus eigener Erfahrung. Immer wieder werden Sie als Ratgeber zu bestimmten Plänen, Vorstellungen, Entwicklungen befragt und in die Überlegungen des Gesprächspartners einbezogen. Und wie fühlen Sie sich dabei? Es ist für Sie wohltuend zu erkennen, dass Sie als wichtig angesehen werden, Ihr Rat nachgefragt wird, Ihre Meinungen für den Betreffenden Bedeutung haben oder zu weiteren Überlegungen Anlass geben, Ihre Zustimmung eine Bestärkung bringt? Ein Beispiel: Vor kurzem hat uns ein Versicherungsmakler in seine Überlegungen einbezogen und seine Situation geschildert. Durch die Übernahme eines beträchtlichen Privatkundengeschäfts ist eine arbeitsmäßige Überlastung eingetreten. Als Ziel und Strategie für die Zukunft sieht er die Akquisition im Firmengeschäft. Wir haben gemeinsame Ziele, die Größenordnung der Unternehmen mit einem bestimmten Courtagevolumen, Maßnahmen zum Marketing, die Strategie zur Akquise, Verkaufsansätze und Fragen der Firmenbetreuung überlegt. Es war für uns ein wohltuendes Gespräch mit einer Reihe von Hinweisen und Empfehlungen und insbesondere einer Vertiefung der persönlichen und geschäftlichen Verbindung.

Zu 5. Vorschlag für ein konstruktives Empfehlungsgespräch Für ein strukturiertes Empfehlungsgespräch sind – wie bereits erwähnt – Offenheit, Direktheit und Natürlichkeit die notwendigen Voraussetzungen. Das Gespräch unter (Geschäfts-)Freunden gibt Ihnen die Möglichkeit, den Angesprochenen zu motivieren; er wird Ihnen zuhören, Interesse zeigen und überlegen, in welcher Weise er mitdenken kann. Faszinieren Sie den Angesprochenen dadurch, dass Sie ihm klarmachen, dass es für Sie um etwas ganz Wichtiges geht und er ein wesentliches Glied in der Kette zum Gelingen ist.

Für einen strukturierten Gesprächsleitfaden sind die aufgeführten Punkte wichtig:

- Ziele, die mit Empfehlungen realisiert werden sollen
- Wertigkeit des Empfehlungsgebers
- Hilfestellung (Helfen macht stolz!)
- Nutzen für den Empfohlenen
- Hinweise auf Empfehlungsmöglichkeiten
- Qualifizierung der Empfehlung
- Abstimmung zur Bearbeitung der Empfehlung
- Dank
- Feedback

Diese Punkte sind ungeheuer interessant und bringen Sicherheit in der Vorgehens-weise und in der Sprache. Sie werden erfolgreich. Die gleiche Gesprächsstruktur ist auch im Privatkundengeschäft mit Erfolg einsetzbar.

4.2   Gestaltung eines Empfehlungsgespräches

Nachdem die Struktur des Gesprächsleitfadens abgesteckt ist, kommt es darauf an, den Gesprächsinhalt zu formulieren und damit die Empfehlungsnahme mit Leben zu erfüllen. Entscheidend ist dabei nicht, bestimmte Überlegungen und Sätze, die Sie vorfinden, zu übernehmen, sondern wichtig sind die Satzvorgaben, die Ihrer eigenen Persönlichkeit entsprechen. Dadurch werden Sie authentisch.

Ein Fall aus der Praxis: In einem Seminar haben wir eine Verkäuferin beim Besuch eines Autohauses in einem Vorort von Stuttgart begleitet. Die Verkäu-ferin konnte mit der Gesellschafter-Geschäftsführerin verhandeln, zu der sie einen geschäftsfreundschaftlichen guten Kontakt hatte. Also: gute Voraussetzungen.

Ansprache:

- Es geht nicht um eine Versicherungsfrage, sondern um Frau F. Frau F. hat eine interessante Ausrichtung für Ihre Tätigkeit ausgewählt und zwar geht es um mittelständische Unternehmen. Da sind uns Ihre Ratschläge sehr wichtig.
- Ziel ist es, den Kundenkreis im Firmengeschäft auszuweiten und neue mittel-ständische Unternehmen als Kunden zu gewinnen. Das ist für Frau F. interessant und zukunftsweisend, weil damit eine verbesserte Kundenbasis erarbeitet wird.
- Hier sind Sie für unser Gespräch sehr wichtig, denn Sie kennen eine Reihe mittelständischer Unternehmen.

- Da können Sie uns weiterhelfen.
- Wir denken zunächst nicht an Hinweise auf Ihre Kunden, sondern in erster Linie an Unternehmen, mit denen Sie zusammenarbeiten. Das sind zum Beispiel Lackierbetriebe, die von Ihnen Aufträge erhalten, und andere Unternehmen.
- Für das Unternehmen, das Sie uns genannt haben, ist unsere Kontaktaufnahme auch von Vorteil, da die heutige Marktsituation in vielen Fällen eine Kostenersparnis zu allen betrieblichen Versicherungen bringt.
- Vielen Dank für die Fülle von Hinweisen auf Ihre Kontakte und insbesondere, dass Sie Ihren Mitarbeiter Herrn A. gebeten haben, uns weitere Angaben zu den Unternehmen zu machen.
- Ganz herzlichen Dank also; Ihre Angaben und Ihre Hilfe sind sehr wertvoll.
- Frau F. wird das Unternehmen besuchen und einen Gruß von Ihnen sagen.
- Nach dem Besuch berichtet Ihnen Frau F., wie das Gespräch aufgenommen wurde und welche geschäftlichen Chancen bestehen.

Das angenehme Gespräch mit dem beauftragten Mitarbeiter führte zur Qualifizierung der Angaben mit Adresse, Ansprechpartner mit vermutlichem Alter sowie der Anzahl der Mitarbeiter im Unternehmen. Ein zusätzliches Gespräch mit einem Verkäufer für das Firmengeschäft des Autohauses brachte drei Empfehlungen zu Firmenkunden – also auch das geht. In diesem Autohaus sind 21 qualifizierte Empfehlungen mit Bezugnahme auf das Autohaus erarbeitet worden. Das war sehr ermutigend.

Ein weiteres Ergebnis: In einem Seminar im Raum München wurden (wie bereits erwähnt) 143 Empfehlungen erreicht. Nach zwei Wochen wurde festgestellt, dass 15 Firmenansprachen durchgeführt worden sind. Daraus ergaben sich 13 Firmenkontakte, die weiterbearbeitet werden konnten. Darunter sind sechs Termine zur Durchsicht aller Versicherungsverträge und die Gewinnung einer neuen Firma mit Abschluss von zwei Direktversicherungen (Entgeltumwandlung). Für die Vertriebspartner ist dies ein motivierender Anfang.

In einem anderen Seminar haben wir in der Praxis einen Vertriebspartner begleitet, der einen Neffen zur Empfehlungshergabe im Privatkundengeschäft angesprochen hat. Die Ansprache fand deshalb auf keiner offiziellen Ebene, sondern auf der Du-Ebene und etwas direkt statt.

Ansprache:

- „Hör mal, ich brauche Dich. Du weißt, dass sich für die Gesellschaft X tätig bin."
- „Da habe ich einen Kundenbestand bekommen. Die Kunden sind fast alle alt – und werden jeden Tag älter."

- „Ich muss unbedingt junge Leute als Kunden gewinnen – und da musst Du mir helfen."
- „Du bist Mitte zwanzig und hast Verbindung zu jungen Leuten, die für mich interessant sind."
- „Zu wem hast Du einen guten Kontakt; wen kennst Du?"
- „Mit den vier jungen Leuten, die Du mir jetzt genannt hast, hast Du mir wirklich geholfen."
- „Ich besuche sie und sage, dass wir miteinander gesprochen haben."
- „Ich sage Dir auch, was sie gesagt haben."

Erkenntnis: Zu Beginn ist die Auswahl der ansprechbaren Empfehlungsgeber entscheidend. In Frage kommen enge freundschaftliche bzw. geschäftsfreundschaftliche Verbindungen. Das gilt sowohl für das Firmen- als auch das Privatkundengeschäft. Auf der „Du"-Basis geht es am leichtesten und ist für den Beginn der Ansprachen am sinnvollsten. Je häufiger Sie die Empfehlungsnahme in dieser Weise praktizieren, desto sicherer und mutiger werden Sie!

Anregungen zu den einzelnen Punkten des strukturierten Empfehlungsgespräches.

1. Gesprächseröffnung

- „Das Gespräch mit Ihnen ist für mich interessant, weil. . . "
- „Ich kann mit Sicherheit Ihre Erfahrungen und Ratschläge gut gebrauchen."
- „Ich freue mich auf das freundschaftliche Gespräch mit Ihnen."
- „Du, ich muss mit Dir etwas besprechen. Es ist für mich sehr wichtig."
- „Ich befinde mich im Aufbau meines Betriebes und konzentriere mich auf mittelständische Unternehmen."

2. Ziele

- „Ich habe für mein Unternehmen eine wichtige Verkaufsausrichtung vorgesehen."
- „Mit der Konzentration meiner Tätigkeit auf mittelständische Unternehmen habe ich für die Entwicklung meines Betriebes eine Entscheidung getroffen, die mich weiterbringt."
- „Meine Strategie zur Gewinnung von mittelständischen Unternehmen führt zu einer verbesserten Kundenstruktur."
- „Ich will meine Aufgabe zur Betreuung von Ärzten ausbauen, weil es eine interessante Zielgruppe ist."

- „Die demografische Entwicklung macht es notwendig, dass ich mich verstärkt um junge Kunden bemühe."

3. Wertigkeit des Empfehlungsgebers

- „Zur Erreichung meiner Unternehmensziele sind Sie für mich interessant, weil Sie gute Kontakte zu mittelständischen Betrieben haben."
- „Ihre Erfahrungen und Ihre örtliche Marktkenntnis sind für mich wichtig."
- „Durch Ihren Bekanntheitsgrad und Ihre Verbindungen ergeben sich für meine Tätigkeit interessante Überlegungen."
- „Sie haben als Unternehmer viele Hinweise auf andere Unternehmer."
- „Als Fußballspieler im X-Club, hast Du eine Menge Kontakte für mich."

4. Hilfestellung – als emotionaler Ausgangspunkt für Empfehlungen

- „Mit Ihrer Hilfestellung ist es mir möglich, meine Firma weiterzuentwickeln."
- „Sie können mir ganz wesentlich weiterhelfen."
- „Ich befinde mich im Aufbau meines Unternehmens und da ist mir Ihre Hilfe ganz wesentlich."
- „Du kannst mir helfen und wenn Du mal eine Frage hast, werde ich auch Dir helfen."

5. Empfehlungsmöglichkeiten

- „Ich denke zunächst an Unternehmen, die als Lieferanten für Sie tätig sind."
- „Ich denke auch an Unternehmen, die von Ihnen Aufträge erhalten."
- „Ebenso denke ich an Subunternehmer."

Zur Erarbeitung der zu empfehlenden Unternehmen müssen Hinweise gegeben werden.

Arzt: Dr. .... in

Kontakte

	Adresse	Ansprechpartner
1. Apotheke A Apotheke B		
2. Labor A Labor B		
3. Röntgenarzt		
4. Urologe		
5. Orthopäde		
6. Krankengymnastik		
7. HNO		
8. Kinderarzt		
9. Frauenarzt		
10. Chirurg		
11. Logopäde		
12. Sanitätshaus		

Schreinereibetrieb

Firma   in

Kontakte	Adresse	Ansprechpartner	Anzahl der Mitarbeiter
1. Holzhandel			
2. Beschläge			
3. Lacke			
4. Werkzeuge			
5. Elektro			
6. Ölhandel			
7. Bürohandel			
8. PC-Handel			
9. usw.			

Autohaus:..   in:...

Gesprächspartner: ....

Inhaber/Geschäftsführer, Verkäufer usw.

Kontakte	Adresse	Ansprechpartner	Anzahl der Mitarbeiter
1. Lackierbetriebe a.) b.)			
2. Car-Clean-Firma			
3. Autoersatzteile			
4. Elektrofirma			
5. Gebäudereinigung			
6. Druckerei			
7. Bürohandel			
8. PC-Handel			
9. Installationsfirma			
10. Bauunternehmung			
11. Ölhandel			
12. Beschriftung			
13. Flottenkunden			
14. usw.			

Überlegen Sie, welche wertvolle Ansätze Sie haben, zum Beispiel:

- Architekt
- Wohnungsverwaltung
- Wohnungsbaufirma
- Spedition mit Frachtführer

Bevor Sie einen Empfehlungsgeber ansprechen, ist es zweckmäßig sich zu überlegen, welche Kontaktmöglichkeiten der Empfehlungsgeber hat. Das erleichtert Ihr Gespräch.

Noch ein Hinweis aus der Praxis: Ein Versicherungsmakler mit sehr guten italienischen Sprachkenntnissen hat sich als Zielgruppe italienische Restaurants der gehobenen Klasse ausgewählt. Das läuft hervorragend. Ständig werden Empfehlungen an Lieferanten mit speziellen italienischen Waren gegeben und insbesondere erfolgen Empfehlungen auf weitere Restaurants. Es zeigt sich, dass die Empfehlungsbereitschaft enorm ist. Dies gilt gleichermaßen für türkische Geschäftsleute, die in Deutschland einen engen Zusammenhalt haben.

Hierzu eine Erkenntnis aus der Praxis: In einem Seminar mit Feldtraining haben wir mit einem jungen, sympathischen und korrekt auftretenden türkischen Teilnehmer, der in einer Versicherungsgesellschaft ausgebildet wurde und nun eine eigene Agentur aufbaut, zusammengearbeitet. Besucht wurde sein Onkel, der ein Obst- und Gemüsegeschäft betreibt. Mit der Ansprache, dass sein Neffe eine eigene Agentur aufbaut und er als Onkel sehr gut weiterhelfen kann, begann ein freundschaftliches und gutes Gespräch. Es wurden sieben Empfehlungen an türkische Geschäftsleute gegeben. Beim anschließendem Besuch bei einem türkischen Geschäftsmann, der ein Zeitungsgeschäft und Kiosk betreibt, entstand ein sehr freundschaftliches Gespräch auf türkisch, von dem wir nichts verstanden. Das Ergebnis war die Vereinbarung eines Besprechungstermins zur Durchsicht aller Versicherungsverträge. Der zweite Besuch bei einem daneben liegenden türkischen Geschäft war ebenfalls interessant. Nach kurzer Zeit kam der Kiosk-Besitzer in das Geschäft und brachte einen jungen Mann mit, der sein Sohn war und sagte, dass er unbedingt eine Unfallversicherung abschließen muss. Das war auch für uns eine neue Erfahrung.

Der nachfolgende praktische Fall macht deutlich, dass es auch auf unsere Wahrnehmung der Umgebung ankommt, um Hinweise zu geben. Der Besuch bei einem kleineren Fernsehhandel mit Reparaturdienst hatte bei netter Ansprache und nettem Kontakt mit dem Inhaber leider das Ergebnis, dass er keine Lieferanten oder

Auftragnehmer nennen konnte, weil er seine Werkzeuge und Ersatzteile ausschließlich über das Internet bestellt. Jetzt trat Ratlosigkeit ein. Der neue Ansatz bestand nun darin, Hinweise aus der Umgebung zu erhalten. Zunächst war es eine Schreibunterlage einer Firma für Bürobedarf, die auf dem Schreibtisch lag, des Weiteren ein Wandkalender einer Ölhandelsfirma. Zu beiden Unternehmen hatte der Inhaber eine nette Beziehung. Bei der Anfahrt zum Geschäft habe ich gesehen, dass das danebenstehende Wohnhaus verputzt wird. Also habe ich unseren Empfehlungsgeber gefragt, ob er den Inhaber der Gips-Firma kennt und ob er angesprochen werden kann. Darauf ging unser Empfehlungsgeber mit uns zum Firmeninhaber und sagte: „Die beiden haben etwas für Sie; das ist ganz interessant." Es kam ein Besprechungstermin zur Durchsicht aller Versicherungsverträge zustande.

Also: Augen auf! Im Laufe der Zeit entwickelt man hierfür ein Gespür. Der Strategiepunkt zur Erarbeitung von Hinweisen, Firmenverbindungen und -verknüpfungen ist die Drehscheibe für einen guten Erfolg.

6. Nutzen für den Empfohlenen

- Die Besprechung aller bestehender Versicherungsverträge ist für die betreffende Firma interessant, weil in der Regel Kostenersparnisse eintreten.
- Eine Durchsicht aller Versicherungsverträge erbringt eine Optimierung des Versicherungsschutzes im Leistungsfall und eine Erfassung aller Risiken.
- Für eine Firma erstellen wir als besonderen Service eine schriftliche Risiko- und Versicherungsanalyse.
- Aktualisierung und rechtliche Überprüfung bestehender betrieblicher Versorgungseinrichtungen.
- Erhöhung der Ersparnisse zu den Lohnnebenkosten durch eine verbesserte Akzeptanzquote.

7. Qualifizierung der Empfehlungen

Vorab: Es ist zweckmäßig, zunächst die Empfehlung namentlich zu erfassen und danach eine Qualifizierung vorzunehmen.

- Wer ist Ansprechpartner (Firmeninhaber, Geschäftsführer, Prokurist) und kennen Sie ihn persönlich?
- Wie alt ist der Ansprechpartner?
- Wie viele Mitarbeiter hat das Unternehmen?
- In welcher Branche arbeitet das Unternehmen?

8.   Abstimmung zur Empfehlungsnahme mit dem Empfehlungsgeber

Die tollste Adresse mit den besten Hinweisen ist wertlos, wenn keine Bezugnahme auf den Empfehlungsgeber erarbeitet wurde oder möglich ist. Hier sehen manche Verkäufer eine Schwierigkeit.

In einem Praxisfall haben wir einen Agenturunternehmer gecoacht und gemeinsam ein interessantes und sehr konstruktives Gespräch mit einem Empfehlungsgeber (Firmeninhaber) geführt. Gestik und Äußerungen des Empfehlungsgebers signalisierten Zustimmung. Es wurden insgesamt vier empfohlene Firmenadressen geliefert. Plötzlich und unerwartet sagt der von mir gecoachte Agenturunternehmer: „Wenn ich das Unternehmen besuche, werde ich nicht sagen, dass ich die Adresse von Ihnen habe." Damit ist er in eine Sackgasse gefahren – mit hoher Geschwindigkeit und gegen eine querstehende Betonwand. Ich war erstaunt. Daraufhin habe ich dem Empfehlungsgeber nochmals den Nutzen etwas ausführlicher erklärt und alsdann gesagt: „Wenn wir die Unternehmen besuchen, dann sagen wir dem Betreffenden, dass Sie überzeugt sind, dass auch für ihn eine solche Überlegung interessant ist". Es erfolgte Zustimmung.

Der von mir gecoachte Agenturunternehmer war noch nicht frei und mutig genug. Interessant ist jedoch, dass er mir nach einigen Wochen berichtet hat, dass er bei allen Unternehmen gut aufgenommen wurde und bereits einen neuen Firmenkunden gewinnen konnte. Jetzt war er durch.

Wird das Empfehlungsgespräch nach den bisherigen Strategiepunkten geführt, so sind keine Einwände seitens des Empfehlungsgebers zu erwarten. Bisher war immer eine Zustimmung zu folgenden Aussagen gegeben worden:

- „Ich besuche die Unternehmen und sage einen Gruß von Ihnen."
- „Ich besuche die Unternehmen und sage, dass wir miteinander gesprochen haben."
- „Herr Schmidt (Kunde) ist der Überzeugung, dass für Sie ein solches Gespräch (zu einer Geschäftsidee) interessant ist."

9.   Dank

Es gehört zum Geschäftsleben, „Danke" zu sagen. Ein Dank unterstreicht auch die Empfehlungspartnerschaft. Mit dem Ausdruck des Dankes bringen Sie die Wertigkeiten nochmals in Erinnerung.

- „Mit ihrem Hinweisen haben Sie mir sehr gut weitergeholfen, meinen herzlichen Dank!"
- „Als Dank werde ich mich gern revanchieren und habe hier ein kleines Geschenk für Sie."

Als Dankeschön ist ein kleines Geschenk immer richtig; insbesondere wenn es auf die Vorstellung des Empfehlungsgebers zugeschnitten ist. Ist er zum Beispiel an wirtschaftlicher Fachliteratur interessiert, so ist ein entsprechendes Buch angebracht. Für Golfspieler, Tennisspieler sind Golf- bzw. Tennisbälle ungeheuer interessant. Wenn Sie von anstehenden Reisen Ihrer Gesprächspartner wissen, kommen Stadtpläne oder Reiseführer mit Sicherheit gut an.

Es ist nicht empfehlenswert, Geld anzubieten. Geld kann unterschiedliche Meinungen erzeugen. Ist der Geldbetrag zu klein, entsteht Enttäuschung. Ganz anders ist es jedoch, wenn es zu einer Vereinbarung über eine ständige Empfehlung und quasi auch zu einer Mitarbeit kommt. Dabei sollte man voraussetzen, dass man mit dem Empfehlungsgeber gemeinsam die empfohlene Adresse besucht. Ist dies der Fall, so ist es zweckmäßig eine Provisions- oder Courtagevereinbarung zu treffen.

Dank erzeugt eine Atmosphäre für die Hergabe und der Erarbeitung weiterer Empfehlungen.

10. Feedback

Feedback ist die Resonanz auf die Empfehlungspartnerschaft und gehört einfach dazu. Ein Feedback lässt weitere Überlegungen bei einem Empfehlungsgeber entstehen. Insbesondere freut er sich, dass seine Empfehlungen für Sie wertvoll waren. Es wird noch einmal auf die Motive des Empfehlungsgebers hingewiesen; er will einfach wissen, welches Ergebnis erreicht worden ist.

Gesprächsleitfaden

5

Ein Gesprächsleitfaden gibt Ihnen Sprech- und Zielsicherheit. Nur darauf loszureden macht keinen Sinn. Eine erfolgreiche Verhandlung erreichen Sie nur dann, wenn Sie Ziel, Strategie und Taktik vorher festlegen und im Gespräch anwenden. Nehmen Sie das Ganze aber spielerisch. Stellen Sie sich vor, Sie wollen das Golfspiel lernen. Dann kommt ein Golflehrer (auch „Pro" genannt) und Sie erhalten erstmals eine Erklärung über die Schlägerarten. Er zeigt Ihnen die Schläger für weite und kurze Schläge, Driver und Putter. Danach werden Sie eingewiesen und Pro beginnt damit, Ihnen zu erklären, wie Sie den Schläger richtig halten. Alsdann lässt er Sie den Schläger schwingen, so dass Sie ein Gefühl dafür bekommen. Jetzt kommt das Wichtigste: Er stellt Sie in Position, lässt Sie ausholen und durchschwingen. Dann kommt der erste Höhepunkt: Es wird ein Ball auf ein Tee gelegt. Sie schwingen, es macht Klack und der Ball fliegt weg. Sie sind dabei hocherfreut und überrascht. Es kann Zufall sein und es kann manchmal daneben gehen. Jetzt heißt es üben, üben und nochmals üben. Es wird Ihnen immer mehr gelingen, den Ball zu treffen und Sie bekommen Freude am Spiel. Ganz glücklich sind Sie, wenn der Pro mit Ihnen zum ersten Mal über einen sogenannten Kurzplatz geht und Sie erfahren, wie schön die Natur ist – wie schön das Spiel ist.

Machen Sie es mit Ihrem Gesprächsleitfaden auch so. Gehen Sie spielerisch ran und suchen Sie Ihre eigenen Formulierungen, die zu Ihnen passen. Und dann geht das wie bei dem Golfspiel: üben, üben, üben.

Dazu die nachstehende Vorlage:

Gesprächsleitfaden

1. Eröffnung des Empfehlungsgespräches

   . . . .
   . . . .
   . . . .

H.-G. Schumacher, D. F. Kindermann, *Strategisches und qualifiziertes Empfehlungsmanagement*, DOI 10.1007/978-3-658-01555-8_5, © Springer Fachmedien Wiesbaden 2013

2. Meine Ziele sind

  ....

  ....

  ....

3. Wertigkeit des Gesprächspartners

  ....

  ....

  ....

4. Hilfestellung

  ....

  ....

  ....

5. Empfehlungsmöglichkeiten

  ....

  ....

  ....

6. Nutzen für den Empfohlenen

  ....

  ....

  ....

7. Qualifizierung der Empfehlung

  ....

  ....

  ....

8. Abstimmung mit dem Empfehlungsgeber

  ....

  ....

  ....

9. Dank für

  ....

  ....

  ....

10. Feedback an den Empfehlungsgeber

  ....

  ....

  ....

Einwandbehandlung 6

Durch die sich ergebende Empfehlungspartnerschaft und die Anwendung unserer Strategiepunkte entstehen nur ganz selten Einwände. Das ist die Praxis. Einwände entstehen vielmehr in den Köpfen der Verkäufer. Zum Beispiel, dass der Empfehlungsgeber nicht wissen sollte oder weiß, wen er empfehlen kann usw. Da wir aber die Hinweise auf Empfehlungsmöglichkeiten erarbeiten, tritt diese Situation gar nicht auf.

Gelegentlich erklärt ein Empfehlungsgeber bei Hergabe interessanter Adressen, dass er nicht genannt werden möchte. Diese Empfehlungen sind nicht weiter zu bearbeiten. Stellen Sie sich vor: Sie sagen einem Empfohlenen, dass Sie empfohlen worden sind und wenn er fragt, wer ihn empfohlen hat, müssen Sie sagen: „Das darf ich Ihnen nicht sagen". Das klingt nicht nur ungeschickt, sondern auch unglaubwürdig. Ist es eine Adresse mit vielen qualifizierten Hinweisen, so ist es möglich, die Firma als Erstansprache unmittelbar anzusprechen ohne Bezugnahme auf irgendjemand und der Angabe, dass man empfohlen worden sei. Eine Empfehlung ohne Bezugnahme auf Empfehlungsgeber ist wertlos.

In einem praktischen Fall sagte ein Firmeninhaber, dass er grundsätzlich keine Empfehlung gebe. Das ist ein Killereinwand. Ein solcher Einwand ist zu akzeptieren und zu respektieren, weil Grundsätze sich nicht umstoßen lassen.

Dazu eine kleine Geschichte: Ich habe einen Geschäftsfreund zum Essen eingeladen. Seine Wahl fiel auf eine gegrillte Dorade. Und als ich ihn fragte, welchen Wein er dazu trinken möchte, antwortete er mir: „Ich habe dazu einen festen Grundsatz: In der Fastenzeit (in der wir uns gerade befanden) keinen Alkohol zu trinken." Ich habe es vermieden, ihn zu einem Glas Wein zu überreden oder gar zu nötigen und habe seinen Grundsatz akzeptiert. Alles andere wäre unhöflich gewesen. Wie können wir das geschäftlich verwenden?

In schwierigen Situationen ist es ungeheuer geschickt, sich auf einen eigenen Grundsatz zu berufen. Gehen wir einmal davon aus, dass ein Interessent die

H.-G. Schumacher, D. F. Kindermann, *Strategisches und qualifiziertes Empfehlungsmanagement,* DOI 10.1007/978-3-658-01555-8_6,
© Springer Fachmedien Wiesbaden 2013

Übergabe aller Unterlagen möchte, um Sie zu prüfen oder vielleicht mit einem Wettbewerber zu besprechen. Dann ist das für Sie eine fatale Situation. In einem solchen Fall antworten Sie Folgendes: „Ich habe einen geschäftlichen Grundsatz, Unterlagen immer unmittelbar mit meinem Interessenten zu besprechen, denn es geht ja nicht nur um einen Preisvergleich, sondern insbesondere um den Vergleich der Konditionen zum Versicherungsschutz und hier gibt es sehr viele Detailfragen, die sich auf den Schadensfall beziehen". Es ist die Regel, dass das respektiert wird.

Bei der Erarbeitung von Empfehlungen ist es für Sie unerheblich, wenn ein solcher „Killereinwand" kommt. Wenn Sie zum Beispiel mit zehn Firmeninhabern sprechen und einer von den Angesprochenen kommt mit dieser Antwort, so ist es unerheblich und Sie können darauf verzichten.

Das ist Ihre Souveränität mit der Sie sich wohlfühlen. Durch Erreichen der Empfehlungspartnerschaft und der Anwendung unseres Strategiekonzeptes sind Sie auf der sicheren Seite, denn Sie geben mit Ihren Hinweisen auf Kontaktmöglichkeiten, die empfohlen werden können und mit Ihrer Gesprächsführung die Richtung an.

Kontaktaufnahme und Sprechverhalten bei Empfehlungen

Eine Empfehlung ist der Türöffner. Das ist klar und allseits bekannt; es kommt jedoch sehr darauf an, in welcher Art und Weise man die Tür öffnet.

In der Zusammenarbeit mit einem Agenturunternehmer haben wir in drei Empfehlungsgesprächen 14 qualifizierte Empfehlungen erhalten. Das war erfreulich und der Agenturunternehmer ist davon ausgegangen, dass mindestens drei bis fünf neue Unternehmen daraus gewonnen werden können. Als ich ihn jedoch einige Zeit später wieder traf und ihn fragte, welches Ergebnis erreicht worden ist, sagte er etwas resignierend, dass er die 14 Empfehlungsadressen seiner Sekretärin gegeben habe und dass die telefonische Ansprache zu keinem Besprechungstermin geführt hat.

Das war kein Pech, sondern die ungeschickte Abarbeitung war eine Todsünde, weil eine Empfehlung, die auf die Persönlichkeit des Verkäufers bezogen ist, nicht delegiert werden darf! Es kommt also auf die taktische Vorgehensweise an.

7.1 Kontaktaufnahme mit dem Empfohlenen

Die wichtigste Wirkung einer Empfehlung ist der direkte und geebnete Weg zum Empfohlenen als Ansprechpartner. Dies geschieht in der Regel ohne Behinderungen, Hindernisse und Abwehrverhalten. Die Kontaktaufnahme, die Ansprache und das Gespräch selbst werden durch eine Empfehlung in den Chancen enorm gesteigert (Türöffnerfunktion). Auch die Sekretärin und andere Mitarbeiter sind mit Bezugnahme auf eine Empfehlung wesentlich zugänglicher.

Eine Empfehlung löst bei dem Empfohlenen, Aufmerksamkeit und Neugierde aus und gleichzeitig entsteht eine wünschenswerte positive Atmosphäre.

Als Anregung zur Ansprache ist folgende Formulierung denkbar: „Schumacher, Guten Tag Herr A., ich soll Ihnen von Ihrem Kunden, Herrn B, in der Firma X,

H.-G. Schumacher, D. F. Kindermann, *Strategisches und qualifiziertes Empfehlungsmanagement*, DOI 10.1007/978-3-658-01555-8_7,
© Springer Fachmedien Wiesbaden 2013

einen Gruß sagen; er hat mich an Sie empfohlen. Ich bin Inhaber einer Versicherungsmaklerfirma in Y-Stadt/Inhaber eines Agenturbetriebes der ABC-Gesellschaft und habe mich auf Unternehmen des gewerblichen Mittelstandes von Handel und Handwerk spezialisiert. Ich freue mich auf das kurze Gespräch mit Ihnen. Es geht um..." (jetzt kommt die Geschäftsidee, die Sie ausgewählt haben).

Wir haben bisher das Wort Empfehlung nur als Arbeitsbegriff verwendet. Jetzt setzen wir es bewusst und konkret ein, weil dadurch eine gewollte und wünschenswerte verbindende Auswirkung entsteht. Gleichzeitig stoßen wir auf einen neugierigen Zuhörer, der wissen will, um was es geht.

7.2 Ansprache und Sprechverhalten

In der Praxis bewährt sich immer die persönliche Direktansprache, weil die Verkäuferpersönlichkeit mit ihrer Ausstrahlung und Sprache erkennbar wird. Das sind unverkennbare Merkmale, die durch nichts ersetzt werden können. In der persönlichen Direktansprache, die auf Augenhöhe geführt wird, erreichen wir die Ebenbürtigkeit zu dem Empfohlenen. Dabei sind Ihre unternehmerische Denkweise, Sprache und Handlungsweise entscheidend.

Es wiederholt sich regelmäßig folgende Erkenntnis: In einem Gespräch mit der Attitüde und Sprache eines Vertreters wird man als Vertreter erkannt und so angesehen. Führt man dagegen das Gespräch wie ein Unternehmer und mit dessen Denkweise, Darstellung und Sprache, so wird man als Unternehmer erkannt und akzeptiert.

Die daraus zu ziehende Konsequenz ist, dass man wegkommt von vertreterhaften Floskeln und die Vertretersprache durch Offenheit, Direktheit und Natürlichkeit ersetzt. Es ist gerade Ihre Natürlichkeit, die die Echtheit Ihrer Persönlichkeit erkennen lässt. Jede gespielte Rolle oder aufgesetzte Darstellung führt von dieser Echtheit weg und wirkt eher peinlich.

Hierzu einige Beispiele, die Sie **nicht anwenden** sollten:

- „Schönen guten Tag, mein Name ist Müller, Josef Müller, ich hätte gern mal..." (typisch vertreterhaft)
- „Ich bin unterwegs in Sachen..." (das fahrende Volk ist unterwegs)
- „Ich war gerade in der Nähe, da wollte ich Sie mal besuchen." (unmöglich).

Vermeiden Sie auch die Verwendung von Konjunktiven. Das bringt Sie oft in die Rolle des Bittstellers. Beispiel: „Ich würde Sie gern mal beraten, denn das könnte für Sie sehr interessant werden; wann würde es bei Ihnen am Besten gehen?"

7.2.1   Je mehr Sie sich als Unternehmer sehen, desto stärker wirken Sie in Ihrer Ausstrahlung, Demonstration und Sprache

Dazu ein interessantes Zitat von Alfred Herrhausen:

> „Sagen Sie, was Sie denken,
> tun Sie das, was Sie sagen,
> seien Sie das, was Sie sind – nämlich Unternehmer!"

Das ist eine Aufforderung, Unternehmer zu sein und gleichzeitig eine Aufforderung, das Unternehmersein zu demonstrieren.

Die persönliche Direktansprache erfolgt ohne vorherige Terminvereinbarung, sondern unmittelbar und ist mit einer Empfehlung durchführbar.

Das Erfolgsgeheimnis: Die persönliche Erstansprache ist kein Gespräch mit vielen Fragen und Antworten, kein Fachgespräch und keine Plattform zur Darstellung seiner eigenen Intelligenz und Kompetenz, sondern ist und bleibt eine Ansprache. Die direkte Ansprache ist sehr kurz zu halten und vermeidet bewusst Fragestellungen. Wenn beispielsweise in der Sachversicherung Kostenersparnisse möglich sind, so liegt zunächst die Frage nahe, ob der Kunde Kosten sparen will. Mit einer solchen Frage lösen Sie die Gegenfrage aus: „Um was geht es denn?" Gleichzeitig ist es dem Gesprächspartner möglich, seine Einwände zu bringen. Gerade zu unseren Produkten sind wir geneigt, unsere fachliche Kompetenz in den Vordergrund zu stellen. Das löst zu Beginn eines Gespräches Abwehr aus. Die notwendige Fachkompetenz gehört in die Folgeverhandlung. Nehmen wir hierzu das Beispiel Betriebshaftpflichtversicherung.

> „Wir haben gerade für Ihren Betrieb eine neue Konzeption entwickelt. So kennen wir keine Unterteilung mehr in Personen-, Sach- und Vermögensschäden, sondern haben eine pauschale Deckungssumme für alle Schadensarten, die zweifach pro Jahr maximiert ist. Außerdem sind erhebliche Deckungserweiterungen vorhanden. Dies sind insbesondere Bearbeitungsschäden, Be- und Entladeschäden, Schäden durch Arbeitsmaschinen, Haus- und Grundbesitz, Besucherhabe usw."

Gleichzeitig machen wir noch weitere Ausführungen und überfordern damit unseren Gesprächspartner – er hört weg und sein wirkliches Interesse schwindet. Im Erstgespräch muss man sofort zur Sache kommen, Nutzen aufzeigen und die Möglichkeit, diesen Nutzen auch zu realisieren. Deshalb gilt Folgendes:

Das Erstgespräch konzentriert sich auf

1. die Person und die Sache,
2. einen flüssigen Sprachstil und
3. es muss ein konkretes Ziel haben, das erreichbar ist.

Zu Punkt 1.: Die „Person" sind Sie mit Ihrer unternehmerischen Ausstrahlung im Banker- bzw. Businesslook. Die „Sache" ist Ihre Geschäftsidee, die Sie als aktuell und geeignet auswählen.

Zu Punkt 2.: Es kommt nicht darauf an, viel zu reden oder gar jemanden zu überreden, sondern so zu sprechen, dass Ihre sympathische Ausstrahlung rüberkommt. Sind wir nervös, so sprechen wir schnell und in der Tonlage zu hoch. Richtig ist dagegen, wenn wir langsamer sprechen, die Tonlage nach unten nehmen und auf den Interessenten beruhigend wirken. „Sich freisprechen" kann man üben.

Zu Punkt 3.: Die Zielfestlegung ist der wichtigste Punkt eines jeden Gespräches. Ohne klare Zielfestlegung ist ein Gespräch nicht erfolgreich zu führen. Das Ziel muss auf die Geschäftsidee abgestimmt sein und im Ganzen oder in Teilen erreicht werden.

Beispiel betriebliche Altersversorgung (Entgeltumwandlung):

- Anzahl aller Mitarbeiter des Betriebes
- Anzahl der Mitarbeiter, die eine Entgeltumwandlung durchgeführt haben, um die Akzeptanzquote zu errechnen.

Beispiel Betriebshaftpflichtversicherung:

- Betriebsrat
- Anzahl der Mitarbeiter
- Lohn- und Gehaltssumme
- Umsatzsumme

Mit solchen Zielangaben soll erreicht werden, dass die weitere Verhandlung mit einer Arbeitsvorlage und Berechnungen vorbereitet und geführt werden kann. Ausführliche Darstellungen und Beschreibungen zur persönlichen Direktansprache, Beseitigung der Ängste, Unternehmersprache und Erfolgshinweise finden Sie im Buch „Qualifizierte Neukundengewinnung im Firmengeschäft", 3. Auflage, von Hans-Georg Schumacher.

7.3 Strukturierter Gesprächsleitfaden

Eine persönliche Direktansprache wird in drei Phasen aufgeteilt:

- Phase 1 – Ziel wird festgelegt
- Phase 2 – weitergehende Informationen
- Phase 3 – unternehmerisches Gespräch unter Geschäftsfreunden

Strukturierter Gesprächsleitfaden „Betriebliche Altersversorgung – Entgeltumwandlung"

Phase 1: Ziel wird festgelegt

1. Empfehlung: Bezugnahme auf den Empfehlungsgeber
2. Vorstellung als Unternehmer: ohne Floskeln, Phrasen, Sprachmüll
3. Vorwegnahme des Einwandes: Hinweis auf die bestehende betriebliche Altersversorgung
4. Hinweis auf Informationen: nicht länger als eine Minute
5. „Aufreiß"-Artikel: Informationen zu Rechtssicherheit, Info-Pflicht, Enthaftung, Senkung der Lohnnebenkosten
6. Arbeitsvorlage
7. Zielfragen: Wie viele Mitarbeiter werden beschäftigt? Bestehen bereits Vereinbarungen zur Entgeltumwandlung?
8. Besprechung der Arbeitsvorlage: zusammensetzen, gemeinsam besprechen und prüfen
9. Termin
10. Geschäftskarte und Erst-Info

Phase 2: weitergehende Informationen   Zusätzliche Ansprechpunkte zur Vertiefung des Kontaktes

• Verfügbarkeit: Wie ist der Kunde am besten erreichbar?
• Präsentation der Versicherungsmaklerfirma: Spezialisierung zum Beispiel auf mittelständische Betriebe, Unternehmensgründung usw.
• bestehender Versicherungsschutz: Wo und wie sind Werte des angesprochenen Unternehmens versichert?

Phase 3: unternehmerisches Gespräch unter Geschäftsfreunden   Wenn Sie das Gespräch erweitern wollen, sind Fragen zur Wirtschaftslage angebracht

• Marktlage: Wirtschaftsgeschehen
• branchenmäßige Aktualität: Besonderheiten der Branche

7.3.1 Gesprächsleitfaden zur Erstansprache

Betriebliche Altersversorgung – Entgeltumwandlung (ohne Besuchsankündigung)

1. Schumacher, Guten Tag, Herr A., Ihr Kunde, Herr B., hat mich an Sie empfohlen.
2. Ich bin,
   - Inhaber einer Versicherungsmaklerfirma in ...
   - Inhaber eines Agenturbetriebes in ... und habe mich auf mittelständische Unternehmen spezialisiert
3. Es geht um Ihre betriebliche Altersversorgung (Vorwegnahme eines möglichen Einwandes).
4. Hierzu eine kurze Aussage in einer Minute.
5. Es sind drei Informationen:
   - Es besteht jetzt Rechtssicherheit für die Abgabefreiheit von Sozialversicherungsbeiträgen; das ist ein stabiler Planungsfaktor.
   - Wir haben als Unternehmer unter bestimmten Voraussetzungen eine Auskunfts- und Informationspflicht; die ist drückend und wir brauchen eine Enthaftung, auch zur Informationspflicht.
   - Wichtig ist außerdem, dass Ihre Lohnnebenkosten noch mehr als bisher gesenkt werden.
6. Ich mache dazu für unser nächstes Gespräch eine Arbeitsvorlage; auch zu den Auswirkungen zur Senkung der Lohnnebenkosten für Ihr Unternehmen.
7. Deshalb folgende Fragen:
   Wie viele Mitarbeiter beschäftigen Sie?
   Wie viele davon haben bereits eine Vereinbarung über Entgeltumwandlung abgeschlossen?
   Konnten Sie in der Vergangenheit Informationen an die Mitarbeiter geben?
   1. Ich arbeite das aus, dann setzen wir uns zusammen, besprechen es und prüfen gemeinsam.
   2. Geht es bei Ihnen am Donnerstag, 10:00 Uhr?
   3. Haben Sie für mich eine Geschäftskarte?
   4. Ich gebe Ihnen auch meine Karte und eine Information zu meinem Unternehmen. Es ist bei der IHK ... registriert.

Entwerfen Sie auch Ihren eigenen Gesprächsleitfaden für die unmittelbare persönliche Direktansprache. Der Ausgangspunkt für Ihren Erfolg ist die Freude, etwas selbst zu gestalten und spontan das aufzuschreiben, was Ihnen jetzt einfällt. Das ist dann Ihr Werk und Sie werden neugierig und gespannt sein, welche Wirkung es hat, wenn Sie es in der Praxis anwenden.

7.3.2 Kernaussagen zu den vorangegangenen Ausführungen

- Mit Ihrem eigenen Gesprächsleitfaden erreichen Sie Sprech- und Zielsicherheit. Ihre eigenen Formulierungen, die ankommen, geben Zuversicht und bringen Freude.
- Erreichen Sie möglichst immer eine Empfehlungspartnerschaft.
- Entwickeln Sie Ihre Vision und Pflege einer eigenen Empfehlungskultur mit anspruchsvollen Niveau.

7.3.3 Eigener Gesprächsleitfaden

Phase 1
Bezugnahme auf die Empfehlung ....
....
....
....

Vorstellung als Unternehmer ....
....
....
....

Vorwegnahme eines möglichen ....
Einwandes ....
....
....

„Aufreiß-Artikel" Informationen ....
....
....
....

Arbeitsvorlage ....
....
....
....

Zielfragen   ....
                                              ....
                                              ....
                                              ....

Besprechung der Arbeitsvorlage   ....
                                              ....
                                              ....
                                              ....

Besprechungstermin   ....
                                              ....
                                              ....
                                              ....

Geschäftskarte und Erst-Info   ....
                                              ....
                                              ....
                                              ....

Phase 2
Verfügbarkeit   ....
                                              ....
                                              ....
                                              ....

Preissituation am Markt   ....
                                              ....
                                              ....
                                              ....

bestehender Versicherungsschutz   ....
                                              ....
                                              ....
                                              ....

Phase 3

Marktlage   . . . .
                                   . . . .
                                   . . . .
                                   . . . .

Aktualitäten   . . . .
                                   . . . .
                                   . . . .
                                   . . . .

usw.   . . . .
                                   . . . .
                                   . . . .
                                   . . . .

Es ist zweckmäßig, die vorgenannten Geschäftsideen zu prüfen und auszuwählen. Für Ihre ausgewählten Geschäftsideen ist es angebracht, den entsprechenden Gesprächsleitfaden nach der oben ausgeführten Struktur auszuarbeiten.

Kernaussagen zu Kap. 7

- Eine persönliche Direktansprache ist eine Zielansprache.
- Mit Zielfestigkeit erreichen Sie das vorgegebene Ziel.
- Ein Gesprächsleitfaden bringt Standfestigkeit, Sprechsicherheit und ist der Wegweiser für Ihren Erfolg.

Win-win-Situation – die aktive Empfehlungspartnerschaft

Sie kennen den Spruch: Das Leben besteht aus Geben und Nehmen. Diese Weisheit ist geradezu eine ideale Voraussetzung für die Begründung einer Empfehlungspartnerschaft. Zu einer Partnerschaft gehören mindestens zwei mitwirkende Personen, die beide davon profitieren. Für Sie ist das als Empfehlungsnehmer eine interessante Ausgangslage und für den Empfehlungsgeber eine Möglichkeit, einen Mehrwert zu erhalten. Die wechselseitige Ausstrahlung führt zu einem aktiven Empfehlungsmanagement.

Die gegenseitige Empfehlung hat eine wünschenswerte und die Partner verbindende Wirkung. Die Partnerschaft kann sich dauerhaft entwickeln und die beteiligten Partner können an ihr festhalten. Der ständige Kontakt und die immerwährenden Besprechungen sind eine geradezu perfekte Plattform.

In der letzten Zeit sind am Markt sehr interessanten Tendenzen in Sachen Partnerschaft erkennbar und es etablieren sich interessante Formen.

Ein Erlebnisbericht In einer Unterhaltung mit einem Geschäftsfreund haben wir beiläufig erwähnt, dass wir für Fernseher, CD-Player usw. ein neues Soundsystem installieren möchten. Daraufhin teilte er uns mit, dass er dabei helfen kann und holte aus seinem Aktenkoffer ein ledernes Handbuch, in dem Geschäftskarten verschiedener Unternehmen einsortiert waren. Wir erhielten eine Geschäftskarte von einem Fernsehhandel mit dem Hinweis, dass wir uns an den Inhaber persönlich wenden können und wir von ihm persönlich bedient werden. Als wir das Geschäft aufsuchten und mit dem Inhaber sprachen, waren wir bereits angekündigt. Die Beratung für das Soundsystem und die Installation waren perfekt. Die Empfehlungspartnerschaft war erfolgreich! Unser Geschäftsfreund hat uns erklärt, dass er regelmäßig von seinen Firmenkunden Visitenkarten entgegennimmt, um damit Empfehlungen auszusprechen. Im Gegenzug wird er von diesem Firmenkunden ständig empfohlen. Im Monat sind das zwischen 10 und 15 qualifizierte Empfeh-

H.-G. Schumacher, D. F. Kindermann, *Strategisches und qualifiziertes Empfehlungsmanagement,* DOI 10.1007/978-3-658-01555-8_8,
© Springer Fachmedien Wiesbaden 2013

lungen. Kann es besser laufen? Unser Geschäftsfreund hat diese Vorgehensweise zu einem funktionierenden System entwickelt und ist außerordentlich erfolgreich.

Ein weiterer Fall aus der Praxis Im Pkw eines von uns gecoachten Agenturunternehmers lagen Visitenkarten einer Praxis für Krankengymnastik. Auch hier teilte uns der Agenturunternehmer mit, dass er diese Praxis immer wieder empfehle. Unsere Aufgabe war es nun, Empfehlungen von Kunden zu erarbeiten. Deshalb haben wir die Inhaberin der Praxis aufgesucht und angesprochen. Es gab absolut keine Schwierigkeiten, Empfehlungen zu erarbeiten. Die Hergabe von Empfehlungen war eigentlich eine Selbstverständlichkeit und zeigt, dass die gegenseitige Empfehlungsgebung sich sehr positiv auswirkt.

Ein interessanter weiterer Vorgang Ein Versicherungsmakler hat mit uns eine einer Auto-Elektrik-Werkstatt aufgesucht und mit dem Firmeninhaber gesprochen, um Empfehlungen zu erhalten. Ich habe in der Nähe der Kasse einen Plexiglas-Ständer entdeckt, in dem von sechs Unternehmen die jeweilige Geschäftskarte deponiert war, darunter eine Werkstatt für Lackierarbeiten, ein Kfz-Sachverständiger und ein Installationsbetrieb. Auch hier war erkennbar, dass gegenseitige Empfehlungen durchgeführt werden. In unserem Gespräch war es anschließend ein Leichtes, den Inhaber zu bitten, die sechs Geschäftskarten an sich zu nehmen und für Empfehlungen auszuwerten. Kein Problem.

Unternehmer-Network-Meeting Eine   Versicherungsmaklerfirma (Confina, Mannheim, Inhaber Herr Markus Sobau, Mitautor des Buches „Entgeltumwandlung – Mit System zu höheren Durchdringungsquoten im Mittelstand") hat ein Unternehmertreffen veranstaltet. Es wurden für einen Samstag Morgen Firmenkunden, Selbstständige und Unternehmer eingeladen, mit denen eine Anbahnung beratend besprochen wurde. Von 50 Eingeladenen kamen 29. Der Rahmen, das Hotel usw. stimmten und es entstand eine angenehme Atmosphäre. Ziel war es, dass sich die Unternehmer gegenseitig vorstellen, kennen lernen und auch die Absicht entwickeln, sich gegenseitig zu empfehlen. Stimmung und Resonanz waren sehr gut. Es haben deshalb mehrere Teilnehmer darum gebeten, eine solche Veranstaltung zu wiederholen. Hier treffen Kunden- und Anbahnungspflege, Kundenpräsentation und die Wirkung des gegenseitigen Kennenlernens zusammen. Das Unternehmertreffen war ein voller Erfolg.

Unternehmerfrühstück Immer mehr verbreitet sich die Idee, dass sich die Unternehmer morgens zum Frühstück treffen. Die Aufgabe ist, dass jeder sein Unternehmen vorstellt, die geschäftlichen Absichten und Ziele erklärt und sich selbst als Unternehmer darstellt. Es besteht die verpflichtende Aufgabe, sich gegenseitig zu empfehlen und ggf. auch Geschäfte abzuwickeln. Die Zusammenkünfte sind örtlich organisiert, so dass man auch bereits beim Frühstück über kommunale und sonstige wirtschaftliche Erkenntnisse sprechen kann. Jeder Teilnehmer ist verpflichtet, aktiv mitzumachen, um die vorgenannten Ziele zu realisieren. Es hat sich gezeigt, dass vielfach eine große Nachfrage besteht. Dabei kann immer nur ein Unternehmen aus einer bestimmten Branche in diesem Kreis vertreten sein. Das ist aber schließlich nicht wesentlich, weil zu Beginn ein starkes Interesse besteht, das jedoch nach und nach abflaut und sich der Kreis auf einen „harten Kern" reduziert. Es können dadurch auch neue Unternehmen aus anderen Branchen dazu stoßen. Nachfragen lohnt sich, weil ein interessierter Kreis von Geschäftsleuten zusammenkommt, ein Netzwerk entsteht und sich daraus zwangsläufig Empfehlungen ergeben.

Eine wesentliche Erleichterung zur Erarbeitung von Empfehlungen ergibt sich immer dann, wenn der Empfehlungsgeber erkennen kann, dass auch er von der Hergabe von Empfehlungen profitiert. Diese Wechselseitigkeit zeigte sich beispielsweise bei einem Besuch eines Autohauses. Dieses Autohaus präsentiert jede Woche einen Gebrauchtwagen als Sonderangebot, der preislich und in der Ausgestaltung interessant ist. Ein Agenturunternehmer, der intensiv mit diesem Autohaus zusammenarbeitet, machte es sich zur spielerischen Aufgabe, das Sonderangebot zu verwenden, wenn er auf einen geeigneten Kunden stößt. Das ist zwar nicht häufig der Fall, aber es kommt immer wieder vor und erzeugt bei dem Autohausinhaber ein absolutes Zutrauen und auch die Bereitschaft, mit dem Agenturunternehmer durch Hergabe von Empfehlungen zusammenzuarbeiten. Hier entsteht ein Mehrwert sowohl für den Agenturunternehmer als auch für den Autohausinhaber. Der Agenturunternehmer hat nach unseren Vorstellungen ein interessantes System entwickelt. In einem größeren Autohaus werden regelmäßig Empfehlungen gegeben. Als Gegenleistung hat sich der Agenturunternehmer bereit erklärt, beim Besuch der empfohlenen Unternehmen die dortige Fahrzeugsituation zu besprechen und in einem Bericht dem Autohausinhaber vorzulegen. Auch hier führt die Gegenseitigkeit zu einer sehr effektvollen Zusammenarbeit, weil das Autohaus damit in die Lage versetzt wird, den Bericht auszuwerten, um geschäftliche Ansätze zu erreichen.

Empfehlungen sind ein Kinderspiel! Das System und die Wechselseitigkeit funktionieren.

Bericht als Anregung Das aktive Empfehlungsmanagement erzeugt eine geschäftlich angenehme Atmosphäre, schafft die Basis für eine interessante Geschäftsfreundschaft, bringt beiden Partnern einen effektiven Mehrwert und bringt volle Zufriedenheit. Diese Überlegungen sind sinnvoll und zukunftsträchtig:

- Durch ein aktives Empfehlungsmanagement wird die Auswirkung nicht nur für einen Partner erreicht.
- Es entstehen Mehrwerte für beide Partner.
- Suchen Sie für das aktive Empfehlungsmanagement in Ihrem Kundenkreis interessante Ansätze.
- Die aktive Empfehlungspartnerschaft ist ein Erfolgsweg.

Verbandsgeschäft

9

Die Zusammenarbeit mit Verbänden und sonstigen Vereinigungen kann man als „indirekte Empfehlung" bezeichnen. In der Zusammenarbeit mit Verbänden wird immer wieder eine direkte Empfehlung an Versicherungsgesellschaften, Vertriebe usw. gegeben. Die direkte Empfehlung dieser Art bezieht sich in der Regel auf Produkte, deren Preisgestaltung und vielfach auch verbesserten Versicherungsschutz. Das ist natürlich eine sehr gute Situation, durch die insbesondere eine Zielgruppenakquise gefördert wird.

Für Versicherungsvermittlungsunternehmen (Versicherungsmaklerfirmen, Agenturbetriebe) ergibt sich eine andere Möglichkeit, die ebenfalls sehr interessant ist und eingesetzt werden kann. Verbände, Vereine usw. haben die Aufgabe, ihre Mitglieder in wirtschaftlichen Fragen und zu fachlichen Grundlagen bzw. Entwicklungen ständig zu informieren. Deshalb verbreiten Verbände und Vereine in der Regel eigene Veröffentlichungen bzw. Fachzeitschriften usw. Eine effektvolle Zusammenarbeit erreichen Sie nunmehr dadurch, dass Sie Hinweise und Informationen liefern, die veröffentlicht werden. Von den Geschäftsführern bzw. Redakteuren werden solche Hinweise und Informationen sehr gern aufgenommen und veröffentlicht. Dabei werden Sie vom Verband nicht ausdrücklich empfohlen; jedoch steht der Verband hinter ihren Veröffentlichungen und mit der Präsentation erreichen Sie eine **indirekte Empfehlung**. Das ist außerordentlich interessant.

Praktischer Fall: In der Zusammenarbeit mit einem Versicherungsmakler zur Erstansprache von Gewerbekunden haben wir die Bundesgeschäftsstelle eines Ärzteverbandes entdeckt. Das hat uns elektrisiert. Die Ansprache des Geschäftsführers war außerordentlich einfach, weil wir ihm eine neue Idee präsentiert haben. Es wurde dargestellt, dass durch das Alterseinkünftegesetz seit dem 01.01.2005 eine erhebliche Verringerung der Versorgungsleistungen aus dem Versorgungswerk der Ärzte eintritt, da eine Nachversteuerung durchgeführt werden muss. Die Reduzierung der Versorgungsleistungen kann bis zu 25 % betragen und stellt dadurch einen ganz empfindlichen Einschnitt dar. Das war dem Geschäftsführer in etwa bekannt,

H.-G. Schumacher, D. F. Kindermann, *Strategisches und qualifiziertes Empfehlungsmanagement*, DOI 10.1007/978-3-658-01555-8_9,
© Springer Fachmedien Wiesbaden 2013

da immer wieder Anfragen aus dem Kreis der Mitglieder gestellt werden. Weniger bekannt waren dagegen die Erkenntnisse, dass durch die geltend gemachten Altersvorsorgeaufwendungen und den sich daraus ergebenden Steuerersparnissen ein Ausgleich zum Nulltarif geschaffen werden kann.

Unsere Idee, die Situation in einem Artikel darzustellen und ihn zur Veröffentlichung zu geben, wurde sofort aufgenommen. Es wurde ein Artikel mit ausführlichen Darstellungen erarbeitet und übergeben. Die Veröffentlichung erfolgte in einem Fachblatt und zwar – jetzt kommt das Wichtigste – unter dem Namen des Versicherungsmaklers. Der Artikel zeigte bei den angesprochenen Ärzten eine sehr positive Wirkung. Der Autor hat über die Fachzeitschrift Kompetenz nachgewiesen, seine Zusammenarbeit mit dem Verband betont und seine Persönlichkeit sehr stark herausgestellt.

Diese Vorgehensweise lässt sich jederzeit wiederholen. Es ist sogar so, dass man daran denken kann, eine Artikelserie zu entwickeln, die immer eingesetzt werden könnte. Auf diese Weise kann die Verbindung zu Verbänden und Vereinigungen erweitert werden.

Gehen wir noch einen Schritt weiter: Eine solche indirekte Empfehlung entsteht auch dann, wenn Vorträge gehalten werden. Als Referent werden Sie vom Verband präsentiert und man gibt mit Ihnen und Ihren Ausführungen eine Empfehlung an die Zuhörer. Die indirekte Empfehlung hat nicht die Aufgabe, Adressen zu erarbeiten; sie ist aber ungeheuer wertvoll und interessant.

Nun zu den Chancen im Handwerk: Die Ansprachemöglichkeit besteht nicht bei der Handwerkskammer oder der Kreishandwerkerschaft, sondern bei den jeweiligen Innungen. Eine Innung wird von einem Innungsobermeister geführt, der unabhängig und in der Regel selbstbewusst ist. In dieser Aufgabe muss er jeweils Innungsversammlungen durchführen, die von Ihnen durch Vorträge mitgestaltet werden können. Es muss sich dabei um Themen handeln, die sehr informativ, aktuell und für die Handwerksmeister als Zuhörer verwertbar sind. Vorträge zu allgemeinen Versicherungs- und Versorgungsfragen haben dagegen nur einen sehr geringen Nutzen. Es müssen deshalb Vorträge sein, die Besonderheiten aufweisen.

Hierzu einige Vorschläge:

- Unternehmertestament und Nachfolge im Handwerksbetrieb
- Haftungsfragen bei der Gestaltung von Gesellschaften
- aktuelle Steuerfragen

Solche Vorträge sind durch Rechtsanwälte und Steuerberater leicht zu organisieren. Wichtig ist dabei, dass Sie bei Innungsversammlungen anwesend sind, die Mitglieder kennenlernen und eine Chance haben, sie danach auch anzusprechen.

Durch die Zusammenarbeit und den Kontakt zu Verbänden, Vereinigungen und Innungen usw. gewinnen Sie neben einer guten Reputation in diesen Kreisen ein ausgesprochen interessantes Netzwerk.

Kernaussagen zu diesem Punkt:

- Die indirekte Empfehlung ist eine Stärkung Ihrer Persönlichkeit, zeigt Marktaktualität und Marktpräsenz.
- Die Vorstellung zu einer Zielgruppenakquise wird gefördert.
- Sie erhalten Kontakte und Hinweise auf anspruchsvollem Niveau.

Zusammenfassung (erster Teil) 10

Der Erfolg ist unser Ziel und der Praxiserfolg ist unsere Glaubwürdigkeit. Durch unsere Glaubwürdigkeit wird die funktionierende und erfolgreiche Strategie bewiesen. Die Strategie des dargestellten Empfehlungsmanagements stellt Ihre Persönlichkeit, mit Ausstrahlung, Aktivität und Erfolg in den Vordergrund. Sie sind mit Ihrer Kompetenz, Erfahrung und der Darstellung als Unternehmer empfehlenswert!

Die Entwicklung von der einseitigen Empfehlungsnahme zu einem sehr interessanten Neuzeitempfehlungsmanagement ist ein wesentlicher Schritt in eine erfolgsträchtige Richtung. Die Aufforderung heißt: **Einfach machen!**

Die heutigen Marktverhältnisse, die Marktveränderungen und die Einschränkungen bei der Telefonakquise haben auf ein erfolgreiches Empfehlungsmanagement eine besondere Wirkung. Bei der Darstellung haben wir uns vorwiegend auf das Firmengeschäft bezogen. Die gleiche Situation ist auch im Privatkundengeschäft möglich. Die Erarbeitung von Empfehlungen ist auf diese Weise ebenfalls einfacher.

Dieser Weg wird in Zukunft noch mehr an Gewicht erhalten. Dabei ist der Erfolg davon abhängig, in welchem Ausmaß Empfehlungen erarbeitet und ausgewertet werden. Ein immer erreichbares und notwendiges Ziel sind pro Monat zwischen 10 bis 15 qualifizierte Empfehlungen.

Werden Sie Empfehlungsmanager! Für diese Aufgabe wünsche ich Ihnen viel Erfolg, viel Freude an der Ausgestaltung und Anwendung der Erkenntnisse.

H.-G. Schumacher, D. F. Kindermann, *Strategisches und qualifiziertes Empfehlungsmanagement*, DOI 10.1007/978-3-658-01555-8_10, © Springer Fachmedien Wiesbaden 2013

Veränderungen gab es schon immer 11

Wenn sich doch alles verändert hat – woran liegt das? Hat sich überhaupt etwas verändert? Was hat sich verändert und warum nutzen – im Verhältnis – relativ wenige die Basis und Chance, die in der Empfehlungsnahme liegt, für sich? Wir sind es gewohnt (und das ist ganz natürlich), nur das zu sehen, mit dem wir zum einen aktuell befasst sind und darüber hinaus das, was wir an Veränderungen – eben durch dieses – spüren.

Veränderungen sind häufig die Ursachen für den geschäftlichen Erfolg. Unser Geist ist so strukturiert, dass er nur auf der Grundlage von Eindrücken der Vergangenheit denkt, urteilt und entscheidet. Wie soll man da Neues schaffen können?

Veränderungen in den Prozessen des täglichen Lebens nehmen wir wahr. Aber wie gehen wir damit um? Ignorieren wir die Veränderungen? Wollen wir sie nicht wahrhaben? Macht es uns so viel Mühe, uns ebenfalls zu verändern? Liegt unsere Veränderung allein darin, dass wir uns anpassen? Das kann es nicht sein. Veränderungen sind die eine Sache, sich anpassen die andere – also mit dem Strom mitschwimmen. Worauf es aber ankommt, ist schneller zu sein als der Strom der Zeit. „Schneller" im Sinne von „der Zeit voraus" zu sein – und sei es nur einen Schritt.

Wer die Gegenwart betrachtet und feststellt, dass sich etwas verändern muss, muss zunächst eine Ist-Analyse bei sich selbst durchführen. Wir können diese somit auch „Ich-Analyse" nennen. Einige Punkte bzw. Fragen zur Analyse lauten:

- Wo stehe ich?
- Weshalb stehe ich hier?
- War ich schon einmal besser (erfolgreicher)?
- Bin ich überhaupt erfolgreich?
- Will ich Erfolg bzw. erfolgreicher werden?
- Was bin ich bereit dafür zu tun?

H.-G. Schumacher, D. F. Kindermann, *Strategisches und qualifiziertes Empfehlungsmanagement*, DOI 10.1007/978-3-658-01555-8_11, © Springer Fachmedien Wiesbaden 2013

Als Autoren dieses Buches sind wir nicht nur langjährig als Verkäufer im Dienst, wir sind uns auch treu geblieben. Was könnte „wir sind uns treu geblieben" genau bedeuten? Bevor wir uns die Fragen „Was ist verkaufen?" und „Wie können wir erfolgreich verkaufen und das mit gutem Gewissen?" stellen, müssen wir uns fragen: „Was ist eigentlich der Sinn unserer beruflichen Tätigkeit?" Verkaufen und Empfehlungs-nahme, verkaufen, Empfehlungsnahme, verkaufen, Empfehlungsnahme usw. Als Antwort bekommen Sie in Seminaren viele Punkte, die sich letztlich alle in der Bedürfnishierarchie von Maslow einordnen lassen. Eine kleine Kostprobe davon an dieser Stelle: Existenz sichern, Geld verdienen, finanzielle Sicherheit, Unab-hängigkeit, Selbstverwirklichung, Horizonte erweitern, Selbstbestätigung finden, Lebensqualität, soziale Einbindung, soziale Anerkennung, Visionen verwirklichen, Erfahrungen sammeln, Talente und Fähigkeiten entfalten, Gefühl gebraucht zu werden – und nicht zuletzt ist unsere berufliche Tätigkeit ein Spielfeld unserer Persönlichkeitsentfaltung.

Dass Sie mehr verkaufen und verdienen werden, ist ein notwendiges Nebenpro-dukt, weil Sie sich der Empfehlungsnahme bedienen. Je mehr ein Verkaufsgeschäft dem Ganzen dient, desto mehr ‚verdient' man!

Wir haben uns vor Jahrzehnten, nachdem wir das grundsätzliche fachliche Wis-sen erlernt hatten, für den Außendienst entschieden. Der Vertrieb kannte damals in der Regel folgende Formen:

- den Ein-Firmen-Vermittler
- den Versicherungsmakler (allerdings nur für das gehobene Geschäft), zum Beispiel ab 50.000 DM Prämie, Transportmakler etc.)
- den beginnenden Bankenvertrieb

Die Märkte waren also in sich aufgeteilt geschlossen. Beim Ein-Firmen-Vertriebler gab es bereits den Generalagenten, den Angestellten und auch Nebenberufsor-ganisationen, teilweise auch nebenberufliche Inkassoagenten. Vor allen Dingen waren die Sach HUK-Versicherer bereits mit dem HGB 84er im Geschäft. Das lag nicht zuletzt daran, dass im Sach HUK-Geschäft Abschlussprovisionen und (im Gegensatz zu LV/KV) relativ hohe Folgeprovisionen vergütet wurden. Der LV-/KV-Vermittler lebte in der Regel von der AP. Seinerzeit waren häufig die Vertriebswege getrennt (bei gleicher Konzernzugehörigkeit), so zum Beispiel agier-ten die Allianz Leben und die Frankfurter Allianz, ebenso die Alte Leipziger Leben und Alte Leipziger Versicherung in separaten Vertriebswegen. Dieses Prin-zip galt für viele Konzerne. Was anscheinend relativ gut in vielen vergangenen Jahren funktionierte, wurde Konzern für Konzern abgeschafft. Direktionen, also auch die, die ihre Vertriebsmitarbeiter betreuten, wurden aufgelöst bzw. zusammengelegt und bei der Zusammenlegung entstanden neue Vertriebsgebilde. Oft bereiteten „diese Bereinigungen" aufgrund verschiedener Produkte, die vertrieben wurden und dadurch bedingt sehr unterschiedliche Arbeitsweisen erforderten, oft unüberwindliche mentale Probleme.

Tarifgenerationen lebten lange, Sterbetafeln ebenfalls. Der Verkäufer kannte seine Bandbreite (Verkaufspalette) und konnte sich auf das Wesentliche konzentrieren – den Verkauf. Das Organisieren oder Akquirieren von Adressen fand über verschiedene Zugangswege statt. Bereits vor vielen Jahren gab es verschiedene Versicherer, die sich besondere Zugangswege zunutze machten. So nutzte unter anderem die Berlinische Leben ihre Restschuldsparte als Zugangsweg direkt in die Bankfilialen zum Beispiel der Dresdner Bank, der Commerzbank und anderer Institute und generierte „Bankgeschäft", also Lebensversicherungen, teilweise gekoppelt als Tilgungsaussetzung mit einem Darlehen. Außerdem nutzte die Berlinische einen weiteren Zugangsweg, er nannte sich VfZ (Versicherungsstelle für Zahnärzte).

Sicherlich gab es weitere Verbindungsnutzer, etwa die Iduna. Genutzt wurden Adressen der Gewerbeämter und Innungen, Handwerkskammern etc.

1985 war einer der Autoren selbst der erste Geschäftsführer und somit Mitgründer und Gesellschafter des Versorgungswerkes UFB (Union freier Berufe)/UMU (Union mittelständischer Unternehmer). Nutznießer der starken Jahresproduktion, die er über die neu gegründete Organisation mit seinem Team generieren konnte, war die Nürnberger, wobei die UFB (jetzt eine AG) heute als Makler fungiert. Weitere Zugangswege bestanden über die Versicherer mit dem Bundeswehrvertrag und diversen „Rabattvereinen". Auf den Zugangsweg kommt es an – immer noch!

Mit den Jahren gab es Veränderungen im Vertrieb – der Bankvertrieb, ein Beziehungsvertrieb besonderer Güte und Stärke, entstand. Banken, vor allem kleinere Genossenschaftsbanken und Sparkassen, entdeckten zunächst den Mehrwert in der Nutzung des Nichtbankgeschäftes. Versicherungen und Bausparverträge wurden verkauft und so manche kleine Genossenschaftsbank mit bescheidener Bilanzsumme erreichte hohe Provisionserträge. Von den Versicherungsvermittlern wurde der Bankenvertrieb als „Störenfried" empfunden, aber es gab ja genügend Platz. Der Markt war schier unerschöpflich groß.

Dann kam die Zeit der ersten Strukturvertriebe. Die DVAG kam, sah und siegte. Niemand hätte damals geglaubt, dass aus den Anfängen einer Vertriebsidee im Versicherungsbereich durch konsequentes und systematisches Verfolgen seiner Ziele mit den Jahren ein Konzern entstanden ist, der von der Größe her keinen Vergleich mit einem Versicherungskonzern scheuen muss, noch dazu in privater

Hand liegend. Es folgten Namen wie OVB und AWD sowie viele Abspalter. Die Märkte wurden zunehmend unruhiger.

Je weiter wir uns der Gegenwart nähern, desto ungemütlicher wird es für Verkäufer – oder auch nicht, es liegt im System.

Die Banken besaßen und besitzen die effektivste Empfehlungsbasis. Sie nutzen ihren Kunden. Natürlich ist jeder Kontoinhaber anzusprechen, ggf. durch Informationsleisten auf dem Kontoauszug oder heute zunehmend über die Eingangsportale zum Internetbanking. Die Banken sind immer mehr dazu übergegangen, dem Kunden via „Cross Selling" zu nutzen. Die Versicherer verursachen in vielen Fällen durch Umbau ihrer Organisationsformen, Fusionen, Kosteneinsparungsmaßnahmen erhebliche Unruhe in den eigenen Häusern. Viele Versicherer (man sollte es gar nicht glauben), alte, seriöse, kapitalstarke Unternehmen, wurden geschluckt, getilgt, „integriert", sind also vom Markt verschwunden. Das schafft Unsicherheit.

Früher hatte fast jedes Versicherungsunternehmen ein eigenes Schulungszentrum. Dort wurden nicht nur Tarife ge- und erlernt, sondern durch permanente, ständige Übung auch das Verkaufen. Dazu gehörten auch das Erarbeiten von Empfehlungen und das Schaffen von Netzwerken. So gab es früher häufig nahe den Schulungszentren gelegene Lehrinspektorate, zum Beispiel der Allianz oder der Nürnberger. Und auch andere Versicherer kannten diese Form der Ausbildung. Die Lehrinspektoren mussten sich vor Ort (und diese Gegenden waren durch viele Besuche von Verkäufern deutlich überversorgt) Beziehungen erarbeiten. Akquiriert wurde hier von „Tür zu Tür", außerdem wurden Heirats- und Geburtenadressen, aber auch Gewerbeanmeldungen abgearbeitet. Gezeigt wurden den neuen Verkäufern durch hartes, intensives Training das Erarbeiten und das Schaffen von notwendigen Kundenkontakten, eine gute Basis, besser als jedes Trockentraining.

Vertriebe? Es gibt große, dauerhafte, nervöse und sich auflösende. Was wird in den Vertrieben nach wie vor gelernt? Empfehlungen zu erhalten. Empfehlungen, Empfehlungen und nochmals Empfehlungen. Worte wie „wer schreibt, der bleibt" besitzen nach wie vor Gültigkeit.

Wie will sich ein Verkäufer finanzieren, wenn er nicht verkauft? Wie will er effektiv, also verkraftbar, sicher im Verkauf stehen, wenn er sich nicht selbst organisiert? Wie bereits beschrieben: Das Nebenprodukt von Organisation ist Produktion – ohne Wenn und Aber. Aber wie? Na klar doch, aller Anfang ist schwer. Der Kunde ist (wie beschrieben) oft informierter, er wird aber auch – wie der Verkäufer – von einer Datenfülle überhäuft. Fachmann zu werden, ist gar nicht so leicht. Fachmann zu sein, gehört dazu. Fachmann zu bleiben, ist aufgrund der sich permanent verändernden Gesetze, sich reduzierenden Sozialleistungen, der sich ebenfalls permanent nach unten bewegenden zu erwartenden Renten- und Pensionsleistungen gar nicht so einfach. Im Ergebnis kann die Erkenntnis nur sein: Lernen, permanent und immerzu.

Aber ist das Lernen bei den sich auch permanent erweiternden Angeboten der einzelnen Versicherer, also auch der Tarife, so einfach? Wir meinen ja. Es gilt, sich nicht hinter Tarifen und deren Kompliziertheit zu verstecken. Es gilt, im Verkauf zu bleiben und damit am Ball – immer!

Wir stellen oft die Frage: „Was tun Sie, um Ihre Ziele zu erreichen?" Oder: „Was wollen Sie in Zukunft dafür einsetzen, Ihre Wünsche Realität werden zu lassen?"

Und an dieser Stelle schon ein kleines Geheimnis: Erfolg kann auf *relativ leichte Weise* kommen, wenn *die Ziele zu Ihnen passen*. Dazu wollen wir beitragen. Wir wollen Ihnen einen Weg vorstellen, wie Sie auch in Zukunft erfolgreich verkaufen, auf leichte Weise.

Ein Beispiel mag veranschaulichen, wie Sie durch das Anbieten von mehr Kundennutzen mehr Aufträge, mehr Kundenbindung, mehr Empfehlungen bekommen und nicht unbedingt und einzig über den Preis verkaufen müssen.

Der Verkaufsprozess darf also nicht bei der Beratung enden, sonst bringt der Verkäufer sich um die Früchte seiner Arbeit. Denken Sie daran: Sie sind Verkäufer! Wenn Sie einen authentischen, notwendigen Verkauf nicht realisieren und ohne Auftrag nach Hause gehen, ist es ein Verlust für Sie und den Kunden! Verkaufen ist ziel- und abschlussorientiert! Eine gründliche und saubere Beratung ist *Ihr Weg* zum Verkauf. Verstehen Sie den Zusammenhang richtig. Wenn es zu Ihnen und Ihrer Natur passt, können Sie auch sehr direkt in Ihrer Sprache sein. *„Guten Tag, Herr XX, mein Name ist Schumacher von der XY Versicherung. Wir wollen Sie als neuen Kunden gewinnen. Angenommen, Sie wären an unserer Stelle, wie würden Sie dies anstellen?"*

Ein Erstkontakt direkt, also durch Direktansprache im Betrieb – darauf kommt es an. Wenn Sie bereit sind, ist es Ihr Weg!

Sie sollten sich im Klaren sein, was Sie im Gespräch erreichen wollen. Sie wollen eine Botschaft überbringen und sich mit dieser wertvoll einbringen. Der Kunde wird es schätzen, wenn Sie gut strukturiert das erste Informationsgespräch führen und nicht unnötig seine bzw. die gemeinsame Zeit strapazieren. Der Verkauf beginnt nicht mit dem Verkaufsgespräch. Bereits lange bevor Sie den ersten Kontakt aufnehmen, beginnt die Vorbereitung. Alle Stufen der Kontaktaufnahme sind wichtig. Besonders entscheidend ist es aber, wie wir beginnen.

Johann Wolfgang von Goethe sagte: „Wer das erste Knopfloch verfehlt, kommt mit dem Zuknöpfen nicht zu Rande."

Jeder gute Berater/Verkäufer bereitet sich gut vor, auch mental. Er weiß, wie wertvoll seine Zeit und die seiner Kunden ist und wird diese optimal nutzen und der Kunde bemerkt das.

Ohne Image geht es nicht. „Image" wird bereits im Erstkontakt vermittelt. Ein gutes Image hat mehrere Väter. Dazu gehören:

- unsere Persönlichkeit
- unsere Fachkompetenz
- die Reputation der Firma, die wir vertreten
- die Qualität unseres Produktes bzw. unserer Dienstleistung

Auf folgende Fragen müssen wir eine Antwort finden:

- Wie gelingt es uns, ein attraktives Image aufzubauen?
- Wie können wir Beziehungen aufbauen?
- Wie können wir Netzwerke schaffen?
- Wie können wir Vertrauen schaffen?
- Was sind die besten Vertriebswege?
- Wie machen wir es dem Kunden leicht, unser Angebot zu verstehen, für sich die Vorteile zu erkennen?
- Was bieten wir als vorteilhafte Leistung an?

Nicht vergessen sollten wir unsere Stammkunden   12

Wussten Sie, dass viele Vermittler zwar permanent versuchen, neue Ufer zu erreichen, längst aber die vorhandenen Kunden, also die Ressourcenschöpfung,
vergessen haben? Überlegen Sie:

- Wie können Sie Ihre Kunden nutzen?
- Wie muss Ihre optimale Kundenbetreuung aussehen?
- Wie erreichen Sie über eigene Leistung Mund-zu-Mund-Propaganda?
- Wie können Sie Ihren Stammkunden zu Ihrem Helfer machen?
- Wie können Sie Mitarbeiter rekrutieren?

H.-G. Schumacher, D. F. Kindermann, *Strategisches und qualifiziertes
Empfehlungsmanagement*, DOI 10.1007/978-3-658-01555-8_12,
© Springer Fachmedien Wiesbaden 2013

Vergessen Sie das Empfehlungsmanagement nicht

13

- Wie können Sie mehr Volumen erzielen? Empfehlungen!
- Wie bekommen Sie Empfehlungen?
- Wie bekommen Sie Referenzen?
- Was müssen Sie im Qualitätsstandard leisten?
- Wie können Sie die Erwartungen Ihrer Kunden übertreffen?

Beschäftigen wir uns kurz mit dem Begriff „Berater" bzw. „Verkäufer" und was sich dahinter verbirgt. Ein Berater ist der, der berät, ein Verkäufer der, der verkauft. Ein Berater benötigt Fachwissen, ein Verkäufer die Kraft, den richtigen Moment zu erkennen, den Moment, den auch sein Gegenüber, sein Kunde, als den richtigen wahrnimmt, den ihm gebotenen Mehrwert für sich zu erkennen.

Ein Berater mit jeglicher Fachkompetenz ist genauso gut – oder so schlecht – wie er in der Lage ist, sein Produkt, also das Ergebnis seiner Beratung, in einen oder mehrere Abschlüsse münden zu lassen. Wenn ein noch so guter, fachkompetenter Berater es nicht versteht, zum Abschluss zu kommen, dann wird sein Kunde dankbar für die Beratung sein, ggf. sogar für immer und ewig. Den Abschluss wird allerdings ein anderer tätigen. Gratulation! Die Beratung war also erfolgreich, der Klient ist zufrieden, Kunde ist er auch geworden, nur nicht beim Berater ohne ausreichende Überzeugung.

Was ist also zu beachten? Beratung mit dem Ziel, den Klienten als dauerhaften Kunden zu gewinnen, mit allem Drum und Dran, zumindest in der jeweiligen Produktebene.

Der beste Verkäufer nützt niemandem ohne Botschaft, Dienstleistung und Mehrwert. Ein altes Sprichwort sagt: „Vor dem Brot kommt der Schweiß", ein anderes: „Ohne Fleiß kein Preis". Es sind also keine Binsenweisheiten, es sind klare Bekenntnisse zur Leistung. Jedes Haus, das gebaut wird, besitzt ein Fundament. Man legt zunächst das Fundament, dann erst geht es in die Höhe. Zuletzt kommt

H.-G. Schumacher, D. F. Kindermann, *Strategisches und qualifiziertes Empfehlungsmanagement*, DOI 10.1007/978-3-658-01555-8_13,
© Springer Fachmedien Wiesbaden 2013

das Dach darauf – zu vergleichen mit der Unterschrift des Kunden – dann ist der Rohbau fertig und erst dann kann man mit dem Innenausbau beginnen. Ebenso verhält es sich im Verkauf – Stein auf Stein, nur so geht es. Auch Verkauf findet im Prinzip im Modulsystem statt. „Veni, vidi, vici" gilt also zunächst nur für den „Nasenfaktor", den Türöffner zur empfundenen Sympathie des Anbieters, des Verkäufers. Auf das Fundament „Nasenfaktor" lässt sich bauen, aufbauen.

Dann beginnen allerdings der Hochbau und der Ausbau. Das Ziel eines Verkäufers/Beraters kann und darf nur sein, ein Haus zu bauen, in dem sich der Kunde langfristig wohlfühlt, zum Beispiel das Haus der betrieblichen Altersversorgung. So wie jedes Haus von Zeit zu Zeit auch einmal eine Renovierung benötigt, so ist auch die heutige Beratung, zum Beispiel aufgrund von Steuer- bzw. Gesetzesänderungen zu renovieren, also nachzubearbeiten, zu optimieren. Sie haben aber langfristig mit dem von Ihnen gewonnenen Firmenkunden und dessen Leitung zu tun. Eine permanente Chance für Neugeschäfte. Unsere Arbeit in unserem Fachbereich ist langfristig anzusehen. Auch Ihr Kunde soll und muss wissen, dass Sie für ihn da sind. Ein gut beratener, gut betreuter Kunde ist eine Bank für Sie. Konkurrenz haben Sie bei guter Betreuung nicht zu fürchten. Mit Ihnen fühlt sich Ihr Kunde – Ihr Partner – wohl.

Was biete ich an? Wem biete ich überhaupt etwas an? Das sind Fragen, die sich der in der Orientierung befindliche Verkäufer stellt.

Nun wissen wir ja, dass ein Verkäufer mit rund 300 Stammkunden, die er regelmäßig berät und deren Gesamtbestand er betreut, gut ausgelastet ist. Damit aber nicht genug. Bei richtiger Betreuung seiner Kunden ist alles erreichbar – das permanente Neugeschäft und die laufenden Empfehlungen – bei älteren Kunden die Abläufe, die Ablaufauswertung mit Wiederanlage. Dies wird, so lange wir uns im Verkauf bewegen, von vielen Verkäufern vernachlässigt. Die Chance der Wiederanlage wird häufig verschlafen. Oft landen die Ablaufwerte bei Banken. Nach wie vor ist die Anlage bei einem guten Versicherer – langfristig (!) – gut verzinst und sicher angelegt. Ein gut gepflegter Bestandskunde besitzt viele Chancen im Bereich der Empfehlungen, zum Beispiel:

- Der Abschluss einer Rentenversicherung ist oft und für viele Kunden der Generation, die heute Abläufe erhält, reale Chance zum Neuabschluss.
- Empfehlung für die nachwachsenden Jugendlichen – wer lange genug im Geschäft ist, lässt sich in die zweite und dritte Generation empfehlen.
- Häuser werden verkauft – zu neuen Erwerbern lässt es sich empfehlen.

Im Klartext: Permanente Bewegung, Kontakt zum Kunden ist die Basis zur Empfehlung und dieses gilt im privaten wie im gewerblichen Geschäft. Jeder sich bietende Kontakt, jeder, mit dem ich eine geschäftliche, aber auch private Beziehung besitze

– aus einer guten geschäftlichen Beziehung wird häufig auch bei entsprechender Pflege auch eine gute private – lässt sich nutzen, um Empfehlungen zu erhalten. Um Empfehlungen zu erhalten, benötigt man auch Selbstsicherheit.

Eine der hilfreichen Methoden, um die Selbstsicherheit zu stärken, ist die gute Vorbereitung. Wenn Sie sich auf alle möglichen Einwände gut vorbereitet fühlen, werden Sie interessanterweise kaum Einwände bekommen. Wir wissen ja... das Gesetz der Anziehung. Hier möchten wir noch hinzufügen, auch einem Verkäufer, der von Haus aus mit einem gesunden Selbstbewusstsein ausgestattet ist, wird es nicht erspart bleiben, seine Hausaufgaben zu machen und seine Fachkompetenz permanent zu verbessern. Aber die Kombination von Selbstbewusstsein und Fachkompetenz, von souveränen Auftreten und Wissen wird Ihnen das Tor zum Erfolg weit aufmachen.

In diesem Buch wird etwa auch der Kontakt zu einem türkischen jungen Mann beschrieben. Dieser hat auf Grund entfallender Sprachbarrieren und der Vertrauenswürdigkeit, die er ausstrahlt, in diesem Fall verbunden mit der Chance auf einen Ausbildungsplatz, Türen aufgestoßen. Es ist einer von vielen Wegen. Wenn Ihr Empfehlungsgeber seriös ist, spielt es keine Rolle, welchen Weg Sie gehen. Nur: Gehen Sie! Bleiben Sie in Bewegung! „Wer rastet der rostet", ist nicht nur eine Plattitüde. Viele alte Sprichwörter besitzen auch heute noch ihre Gültigkeit.

Gern erinnern wir uns an verschiedene Empfehlungsgeber, so Anfang der 70er Jahren. Wir bekamen einen reizenden Kontakt zu einem Siebenbürger (deutschstämmiger Übersiedler aus Rumänien). Ihn berieten wir umfassend, es entwickelte sich eine gute Vertrauensbasis und über ihn wurden wir der gesamten Landmannschaft der Siebenbürger empfohlen. Es waren über 100 Familien, die wir beraten und versichern konnten.

Im Laufe der Zeit schlossen wir – damals noch im Einzelverkauf – wohl insgesamt über 400 Verträge im Kreise der Siebenbürger ab: VL, Leben und auch bereits BU. Ziel war es, jeden Tag einen Antrag zu schreiben, also 365 Anträge pro Jahr. Das tatsächliche Ergebnis lag deutlich darüber. Einmal in einem Beziehungskreis Fuß gefasst, ist die Empfehlung das Naheliegendste überhaupt. Wer könnte also Angst haben, nach einer Empfehlung zu fragen? Ein Verkäufer sicher nicht.

Eine andere Empfehlungsschiene öffnete sich, als wir ebenfalls Anfang der 70er Jahre in ein Kaufhaus marschierten, direkt zum Personalchef. Da unsere Ansprache plausibel war, bekamen wir von ihm eine Liste, auf der alle Mitarbeiter vermerkt waren (Name, Vorname, Geburtsdatum, Adresse, Firmeneintritt – heute undenkbar). In der Folge ergaben sich über 200 Abschlüsse. An manchen Tagen gelangen vier bis fünf Abschlüsse. Es handelte sich damals um das 3. Vermögensbildungsgesetz (genannt auch 624-Mark-Gesetz).

Nun fließen Quellen manchmal nicht immer gleich stark, manche versiegen auch, aber nur scheinbar. Vorhandene Beziehungen nutzten wir, um in Unternehmen die ersten Direktversicherungen zu platzieren. Ebensolche Erfolge begleiteten uns auf der Suche nach neuen Chancen. So arbeiteten wir uns in das Thema der Praxisfinanzierung ein, schulte dieses Thema bundesweit. Von Dieter F. Kindermann erschien das Fachbuch „P.F.B. – Praxis Finanzierungs-Buch", das insgesamt 14.400 Mal verkauft wurde. Allein daraus konnten über 550 abschlusswillige Personen generiert werden. Die Abschlussfolge war in der Regel die Praxisfinanzierung mit Tilgungsaussetzungs-LV, die BU-Absicherung, die Altersvorsorge, die KV, alle Sach HUK-Versicherungen, also sicher 550 Abschlüsse × Vertragsfaktor 5. In dieser Zahl enthalten waren massenhaft Empfehlungen. Der Interessent, also selbst der Arzt, Zahnarzt, Apotheker oder Rechtsanwalt, musste zu uns ins Büro kommen, reiste oft über hunderte von Kilometern an. Die Empfehlung machte unabhängig.

Wie beschrieben: Märkte verändern sich! Wir müssen uns permanent anpassen. Wer aufhört sich zu orientieren, sich zu organisieren, lässt nach – verliert. Wir alle wissen: Das Ärztegeschäft, so wie wir es vor 15 bis 20 Jahren kannten, gibt es so nicht mehr. Auch im Ärztegeschäft – dazu gehörten auch Apotheker – haben sich seinerzeit verschiedene Vermittler „eine goldene Nase verdient". Denken wir hier nur an MLP, ASI u. a. Die Colonia ging über die „Deutsche Ärzteversicherung" an den Markt und beste Beziehungen, u. a. zur Ärzte- und Apothekerbank, rundeten das Angebot ab. Sie sehen: Mit dem richtigen Auftrag ausgestattet gab und gibt es immer noch einen Zugang zum Markt der Beziehungen und Empfehlungen.

Sicher muss dringend neben der permanenten fachlichen Fortbildung der Verkauf geübt werden – immer, fortwährend! Welcher Sänger, Turnierreiter, Fußballer, Tennisspieler, Rennfahrer kommt ohne Training aus? Ich kenne keinen Spitzensportler, nicht einmal Golfer, der ohne Training am Ball bleiben kann. Wir können auch einen Vergleich heranziehen. Stellen Sie sich vor, dass ein Fußballer einen Unfall erleidet und über Wochen ausfällt. Nicht nur, dass er nicht spielen kann, seine Muskeln bilden sich zurück und wenn er dann wieder laufen kann, beginnt er sozusagen trotz großer Erfahrung von Neuem. Wer aufhört besser zu werden, hört auf gut zu sein.

Ein Manager orientiert sich und ist permanent in der Veränderung zu Hause. Ein Empfehlungsmanager ebenfalls. So wie die Märkte sich verändern, verändern sich die Bedürfnisse. So sind sich ändernde Märkte aber auch die Chance zur Offerte. Die Botschaft, die ich überbringe, muss stimmen. Aber nicht nur das: Sie muss auch als notwendig, vorteilhaft, nutzbringend verstanden werden. Ich muss als Berater einen deutlichen Mehrwert bringen.

Was macht der Sänger, der Klavierspieler, Geiger, Fußballer, Tennisspieler, Rennfahrer? Er singt selbst, spielt selbst, fährt selbst. Ergo: Alles, was Sie tun können, um Empfehlungen zu nehmen und zu nutzen: Tun Sie es – selbst! Zunächst auf alle Fälle selbst. Was heißt „zunächst"? Bis Sie, wie Franz Beckenbauer, vom

Ruf leben können, müssen Sie erst einmal ausreichend, ja überdimensional Erfolg gelebt haben. Franz Beckenbauer bekommt überall einen roten Teppich ausgerollt. Wir kennen aber auch verschiedene Anbieter/Berater/Vermittler, die ihren Claim abgesteckt haben und relativ lange von ihrem guten Ruf leben können. Bewusst sage ich „relativ lange". Alles hat seine Zeit. Wenn der „Platzhirsch" sich nicht müht und notwendige Veränderungen realisiert, wird auf Sicht das Vertrauen schwinden. Spätestens dann wenn Haftungsthemen/Probleme seine Kunden belasten. Wir kennen alle Fälle, in denen „Platzhirsche" – egal in welcher Branche – einen Kunden oder Großkunden und damit die eigene Basis verloren haben.

Wir berichteten bereits, dass Vertriebe nicht von ihrem Weg abgewichen sind. Die Verkäufer erlernen das notwendige Produktwissen, lernen und wiederholen Verkauf und lernen Empfehlungen zu akquirieren. Wer treibt den Verkäufer dieser Vertriebe oder auch Organisationseinheiten der Versicherer? Die Führungskräfte! Die Führungskräfte sind nach wie vor diejenigen, die die Verantwortung dafür besitzen, dass ihre Mitarbeiter sich permanent in der Empfehlungsnahme, in der Akquise von Beziehungen und Empfehlungen üben. Es gibt Vertriebe, in denen selbst gute, erfahrene und erfolgreiche Verkäufer wöchentlich in Verkaufsseminaren üben, üben, üben und nochmals üben. Hier gilt das gleiche Prinzip wie bei den Künstlern. Obwohl sie am Abend ein großes Konzert hatten, wird am nächsten oder übernächsten Tag wieder geprobt.

Es geht um Qualität 14

Wir achten in jeder Phase der Beratung/des Verkaufs in unserer Geschäftsbeziehung auf absolute Qualitätsstandards und einen professionellen Auftritt. Dazu gehören zum Beispiel auch verlässliche Erreichbarkeit oder die sofortige Bearbeitung von Anfragen. Wir fühlen uns verantwortlich vom ersten Kontakt bis zur Nachbetreuung des Kunden.

Führungskräfte der besonderen Art sind dann im Vergleich beim Film und beim Theater die Regisseure, beim Fußball die Trainer. Im Leistungsbereich, also auch im Sport, gehört eines immer dazu: Auch ein erfahrener Player trainiert bzw. wird trainiert. Im Versicherungs- bzw. Finanzdienstleistungsbereich sind die täglichen Trainer in der Regel die Führungskräfte.

Viele Mehrfachagenten bzw. kleinere Makler kommen aus großen Gesellschaften, aus Ausschließlichkeitsvertrieben bzw. sind Abspalter von Vertrieben und sie stellen fest, dass sie mehr oder weniger allein agieren. Sie müssen sich und ihr kleines oder größeres Innendienstteam organisieren, die Verwaltung aufbauen und ihre Verkaufsmannschaft führen. Sie sind begeistert von der Vielfalt der Produktwelt. Sie sind endlich frei, können endlich dem Kunden ehrlich die beste Leistung verkaufen.

Woran scheitern viele? An der Selbstorganisation. Der junge Makler erhält Besuche von vielen Gesellschaftsvertretern, Orga-Leitern oder Maklerbetreuern. Die Botschaften, die überbracht werden, bestehen häufig allein aus Tarif- und Produktinformationen. Wenig wird in Sachen Chance zur Offerte bzw. Empfehlungsnahme geboten. Es werden Produkte geliefert, aber nicht die Wege, um diese zum Kunden zu transportieren. So gibt es viele Maklerbetreuer, die als „Kaffeetrinker" gelten, aber das Führungsinstrument als notwendiges Rüstzeug, nämlich Verkäufer zum Erfolg zu führen, nicht mitbringen. Jeder Maklerkollege/Verkäufer sollte von seinem Maklerbetreuer verlangen können, dass dieser ihm Wege zum effektiven Verkauf aufzeigt. Und diese Wege führen nach wie vor über Empfehlungen zum Erfolg.

H.-G. Schumacher, D. F. Kindermann, *Strategisches und qualifiziertes* 83
Empfehlungsmanagement, DOI 10.1007/978-3-658-01555-8_14,
© Springer Fachmedien Wiesbaden 2013

Es ist nicht schwer zu beobachten, dass die Maklerbetreuer/Orga-Leiter, die selbst noch im Verkauf und in der Empfehlungsnahme stecken, es also vormachen, nicht nur können, sondern dieses auch leisten, die größten Nutznießer der sich daraus resultierenden Produktion sind. Nach wie vor gilt in unserem Geschäft, dass „die Nase" ein großer, wichtiger erster Schritt in Richtung Erfolg ist. Sympathisch ist eine Führungskraft/Maklerbetreuer auch oder insbesondere dann, wenn er dem Partner, der ja mehr oder weniger allein im Markt steht, Informationen bringt, die diesem Nutzen bringen. Verkäufer wollen geführt werden, vor allen Dingen zum Erfolg.

Der Maklerbetreuer oder die Führungskraft sind dann anerkannt, wenn sie – wie der Kunde es vom Berater/Verkäufer erwarten kann – Mehrwert bringen. Im Prinzip ist der Makler/Mehrfachagent (oder auch der einzeln zu führende Verkäufer) nichts weiter als ein Kunde. Wird ein Kunde – und das ist unsere Verpflichtung – gut betreut, wird er unser Wissen nutzen und uns weiterempfehlen.

Aber geht es ohne Strategien? Bevor wir aktiv werden, sollten wir unsere Strategie festlegen. Prinzipiell gibt es folgende Schwerpunkte:

* Wachstumsstrategie: das Geschäft ständig durch neue Kunden erweitern
* Defensivstrategie: den vorhandenen Kundenstamm pflegen – Service schafft fortwährende Chancen
* Entwicklungsstrategie: das Angebot (Produkte und Dienstleistungen) für den Kunden erweitern

Die persönliche Strategie sollte darin bestehen, sich durch Qualität und ständige Verbesserung, (bei den Japanern als *Kaizen* bekannt) von den Mitbewerbern abzusetzen. Wer einmal den in Düsseldorf lebenden Japaner *Minoru Tominaga* in einem Fernsehbeitrag oder Vortrag erlebt hat, weiß, was mit Dienstleistung in Japan gemeint ist. Der Kunde ist König. Gut beratene Kunden kommen wieder und empfehlen uns weiter.

Tätigkeiten mit Hebelwirkung haben hohe Priorität. Für den Ausbau des Mitarbeiterstamms, also für den Anbau in der Organisation, gilt ebenfalls, dass eine erfolgreiche Führungskraft leichter gute Mitarbeiter anzieht – weil die eigenen Mitarbeiter Erfolg haben und dieses auch ausstrahlen. Erfolg zieht an.

Ein besseres Führungsinstrument als Informationen und Vormachen in Richtung Erfolgschancen und Erfolgsgarantien gibt es am Markt nicht. Darum richtet sich unsere Empfehlung auch insbesondere an Vertriebsbetreuer, das Empfehlungsmanagement zu nutzen und zum Beispiel durch Mitgehen vorzumachen.

Nahezu jede Versicherungsgesellschaft besitzt Highlights und wir reden hier natürlich über Produkte im bAV-Bereich. Genau mit diesen müssen Interessenten angesprochen werden.

Empfehlungsmanagement – der Erfolgsmultiplikator Nr. 1

Für fast alle Vertriebsbereiche nimmt das Empfehlungsmanagement bei der Kundengewinnung eine herausragende Stellung ein.

Arbeiten Sie in einer Strukturorganisation und wollen Sie selbst eine Gruppe von Mitarbeitern aufbauen, was zum Beispiel in der Versicherungsbranche häufig der Fall ist, so zählt auch das *Rekrutieren von Mitarbeitern* zu einer Tätigkeit mit Hebelwirkung, hier gelten wieder folgende Schlüsselfragen:

- Was ist meine Strategie? Welche Strategie wir verfolgen wollen, steht ja fest: Wir wollen in die Betriebe, um bAV zu beraten/verkaufen.
- Liegt mein Schwerpunkt auf der Neukundengewinnung oder auf der intensiven Betreuung des Kundenstammes?
- Welche Tätigkeiten haben Hebelwirkung?
- Was macht meine Kunden erfolgreich?

15.1 Es gilt, Netzwerke zu schaffen und zu pflegen

> „Du baust Dir kein Geschäft auf, sondern Du baust Dir Beziehungen auf. Und diese bauen Dein Geschäft auf."

Das Leben ist „Beziehung" und Verkaufen ist „Beziehungen schaffen". Ein gutes Beziehungsnetzwerk ist in Vertrieben einer der wichtigsten Erfolgsfaktoren. Ganz besonders dann, wenn Ihr Erfolg stark von Empfehlungen abhängig ist. Und es gibt nur wenige Branchen, in denen Empfehlungen nicht der Schlüssel zum Erfolg sind.

Beziehungen muss man pflegen und zwar regelmäßig. Wenn Sie sich nur melden, wenn Sie eine Empfehlung brauchen, wird der Kunde sich ausgenutzt fühlen. Denken Sie immer daran: Wir haben es mit Menschen und mit ihren Emotionen zu tun.

H.-G. Schumacher, D. F. Kindermann, *Strategisches und qualifiziertes Empfehlungsmanagement*, DOI 10.1007/978-3-658-01555-8_15, © Springer Fachmedien Wiesbaden 2013

Manche Fachleute sprechen heute vom „Clienting" statt vom Marketing, weil über die persönliche Verbindung zum Kunden das Netzwerk erst entsteht und dies ein enorm wichtiger Teil des Marketing ist. Marketing aus diesem Blickwinkel bedeutet Netzwerke schaffen! Das Empfehlungsmanagement spielt die zentrale Rolle. In dem Zusammenhang können Sie sich auch überlegen, welche Kooperationen für Sie sinnvoll sind und Ihren Kundenstamm erweitern können, zum Beispiel auch Kontakte zu Steuerberatern, Buchhaltern usw. Also prüfen Sie:

- Wie baue ich ein Netzwerk auf?
- Wie kann ich persönliche Beziehungen aufbauen?
- Welche Informationen brauche ich?
- Wie bekomme ich Empfehlungen?
- Welche möglichen Kooperationen gibt es?

Als Vertriebler sind sie häufig selbstständig und voll für Ihre eigene Organisation und Zeiteinteilung verantwortlich. Die Zeit ist das einzige, das wir nicht beliebig vermehren können und trotzdem werden wir mehr Zeit zur Verfügung haben, wenn wir unsere Zeit klug nutzen, indem wir uns gut organisieren.

Die Pareto Regel besagt, dass ca. 80 % des Ergebnisses mit 20 % Aufwand erreicht werden. Um die restlichen 20 % zu erreichen, benötigt man dagegen etwa 80 % Aufwand. Eine andere praktikable Formel, die sich immer wieder bewährt hat, ist, dass von 100 % Erfolg, 80 % Fleiß, 10 % angewendetes Fachwissen und 10 % Glück ist... Allerdings: Glück hat nur der Fleißige.

Anmerkung: Der von meinem Mitautor Hans-Georg Schumacher gelehrte, bewiesene, von mir und meinen Mitarbeitern getestete Weg zum Erfolg in der direkten Ansprache der Arbeitgeber/Unternehmen lag bei deutlich über 70 %. Eine erfolgreichere Ansprache mit Terminchance habe ich in all den Jahren meiner eigenen Verkäuferpraxis auf breiter Basis kaum vorher erfahren können.

Nachdem Hans-Georg Schumacher den von mir geladenen Mitarbeitern sein Erfolgssystem lehrte (gepaart mit dem nötigen Fachwissen), hat er es selbst vorgemacht, also real bewiesen, dass es funktioniert. Einige meiner Führungskräfte haben diesen Weg übernommen und multipliziert, indem sie weitere Kreise spannten, also ihrerseits Mitarbeiter und Partner schulten. Im Ergebnis konnten wir unsere bAV-Ergebnisse deutlich steigern. Den Mitarbeitern/Partnern bringen wir Mehrwert, diese erreichen durch ihre Erfolge deutlich höhere Einkommen. Der Vorteil dieser Direktanalyse ist, dass diese in der täglichen normalen Firmenarbeitszeit vollzogen werden kann. Zeiten, die für Verkäufer häufig Leerlauf bedeuten. Allein aus diesem Prinzip lässt sich folgern, dass wir unsere Ressourcen Zeit und Energie geschickt einsetzen müssen.

Empfehlungsmanagement – Praxis für die Führungskraft 16

Es ist allseits bekannt und dennoch vielfach unbewusst: Menschen wollen organisiert und geführt werden! Dies ist eine enorme Führungschance, um bei den Verkäufern Verständnis und Akzeptanz für Lenkung und Steuerung zu erreichen. Ohne die Bereitschaft des Verkäufers, geführt werden zu wollen und dies nur als Vorteil anzusehen, ist eine Führung nicht möglich. Verkäufer erwarten von der Vertriebsführungskraft anwendbare und wirksame Instrumente und gleichzeitig Leitlinien, um die Verkaufsziele zu erreichen.

Das Empfehlungsmanagement als „Erfolgstreiber" ist für Vertriebsführungskräfte ein geradezu ideales Führungsinstrument und für gute Verkäufer ein Powerkonzept – um die Stärkung der Eigeninitiative zu erreichen. Für Vertriebsführungskräfte ist es unabdingbar wichtig, sich mit einem **Zielleitsystem** zu beschäftigen. Dieses System ist ein Erfolgsgarant. Das Zielleitsystem besteht aus zwei Komponenten:

1. Erarbeitung von qualitativ wertvollen Empfehlungen
2. In der Auswertung von solchen Empfehlungen

Eine Vertriebsführungskraft, die lediglich aufzeigt, dass Empfehlungen notwendig und wichtig sind und gleichzeitig erwartet, dass Empfehlungen erarbeitet werden, hat zu wenig nachgedacht. Die Forderung nach Empfehlungen ist zwar richtig, aber für sich allein gestellt nicht ausreichend. Es ist notwendig, dass sich die Vertriebsführungskraft intensiv mit der Argumentation, mit den Grundlagen und dem Umsetzungsmöglichkeiten beschäftigt.

Hierzu einige Anregungen: Es ist zweifelsfrei, dass mit einer Empfehlung sehr leicht die Kontaktherstellung zu dem Empfohlenem möglich ist. Diese Erkenntnis ist eine starke Antriebskraft. Mit einer Empfehlung erreiche ich in der Regel unmittelbar den empfohlenen Ansprechpartner, erzeuge Aufmerksamkeit, Neugier und damit eine wirksame Gesprächseröffnung. Die Kontaktaufnahme mit einer Empfehlung ist deutlich einfacher als zum Beispiel die persönliche Direktan-

H.-G. Schumacher, D. F. Kindermann, *Strategisches und qualifiziertes Empfehlungsmanagement*, DOI 10.1007/978-3-658-01555-8_16,
© Springer Fachmedien Wiesbaden 2013

sprache (Erstkontakt). Die persönliche Direktansprache besitzt eine Erfolgsquote zwischen 60 und 70 %, dagegen liegt sie bei der Kontaktansprache empfohlener Gesprächspartner bei 80 bis 90 %. Wie man sieht: Nicht alles gelingt, aber eine 80- bis 90-prozentige Ansprecherfolgsquote spricht für sich. Es ist das Ziel, den empfohlenen Gesprächspartner als Interessent und später als neuen Kunden zu gewinnen. Über die erste Kontaktaufnahme sind ganz bestimmte Zielpunkte festgelegt:

- Bezugnahme auf den Empfehlungsgeber
- Aufmerksamkeit und Neugier wecken
- als empfohlener Verkäufer akzeptiert werden
- Angaben für die Bearbeitung erhalten
- Zusage, eine Gesprächsvorbereitung zu erarbeiten (Vergleichsgrundlage)
- Vereinbarung eines Besprechungstermins

Das festgelegte Hauptziel ist die Gewinnung eines neuen Kunden, insbesondere durch ganzheitliche Betrachtung und Arbeitsweise. Im Firmengeschäft bedeutet dies, dass durch eine Risiko- und Versicherungsanalyse die Marktaktualität der bestehenden Verträge überprüft und dadurch erreicht wird, dass eine Optimierung des Versicherungsschutzes inklusive Preisvergleich erfolgt. Im betrieblichen Versorgungsgeschäft bedeutet dies, dass eine dauerhafte Überprüfung der bestehenden Versorgungseinrichtungen erfolgt. Das kann so weit gehen, dass bestehende Pensionszusagen für Gesellschaftergeschäftsführer einer GmbH auf Sachlichkeit und Richtigkeit überprüft werden.

Es gibt mehrere Wege, um das festgelegte Ziel zu erreichen. Entscheidend sind auf alle Fälle Offenheit und Ehrlichkeit, Kompetenz sowie die natürliche Verkäuferpersönlichkeit.

Nun zur Begleitung durch eine Vertriebsführungskraft. Hier liegen in der Praxis erhebliche Unterschiede und Missverständnisse vor. Gelegentlich trifft man auf Vertriebsführungskräfte, die annehmen, dass sie mit der Besprechung einzelner Vorgänge ihre Aufgabe erledigen und dabei übersehen, dass sie einen aktiven Einfluss auf den Verkaufserfolg auszuüben haben. Die Begleitung eines Verkäufers in schwierigen Fällen bewirkt insbesondere einen Motivationsschub. Die Begleitung auf dem Weg zum Ziel ist im qualifizierten Geschäft angebracht. Sie ist eine echte fachliche und verkäuferische Hilfestellung.

Die Zielrealisierung ist der Höhepunkt der gesamten Verkaufsaktion. Dabei ist es statthaft, dass Teilziele gesetzt werden, die schneller und leichter zu erreichen sind. Erfolge erzeugen Erfolge. Diese Weisheit ist allseits bekannt und tut der Seele des Verkäufers gut. Sie ist Motivation pur. Nichts ist erfolgreicher als der Erfolg selbst. Das Hauptziel ist, dass der empfohlene Interessent als Neukunde geworben wird.

Danach ist es immer wichtig, eine Zielkontrolle durchzuführen. Sie bezieht sich nicht nur auf das erreichte Ergebnis, auf die Provisionen und Courtagen, sondern auch darauf, ob mit dem erreichten Ziel die Strategie des Verkäufers bzw. des Vermittlerbetriebs aufgegangen ist.

Aus der Erfahrung lässt sich ableiten, dass aus zehn Empfehlungen etwa acht konkrete Anbahnungen resultieren. Allerdings wird nicht jede Anbahnung zu einem absoluten Erfolg führen. Dennoch ist erreichbar, dass aus acht Anbahnungen mindestens zwei, ja durchaus drei neue Kunden gewonnen werden und drei bis vier konkrete und damit positive Anbahnungen weiterverfolgt werden können. Diese Erkenntnis bezieht sich auf das qualifizierte Geschäft, insbesondere das Firmenkundengeschäft. Gut Ding will Weile haben.

Realisierte Ziele besitzen immer eine starke Motivationswirkung. Die weiterführende Akquise mit Empfehlungen steht im Vordergrund, gleichzeitig besteht eine positive Auswirkung auf die Strategie der künftigen Verkaufstätigkeit. Sehr bedeutsam ist dabei, dass Zukunftsziele angestrebt werden und realistisch sind. Konkrete Schritte in Richtung Ziel machen Mut, geben Selbstvertrauen und vermeiden Finanz- und Existenzängste. Dies ist ein in der Tat nicht zu unterschätzender Faktor für jeden Verkäufer.

Wird das Erfolgsmanagement als Instrument akzeptiert, welches die obigen Voraussetzungen schafft, so wird der Erfolg dadurch stabilisiert, dass die Tätigkeit durch Systematik, Regelmäßigkeit und Nachhaltigkeit gefestigt wird.

Es ist absolut richtig festzustellen, welche Empfehlungsgeber im privaten und im beruflichen Bereich existieren und angesprochen werden können. Nur wenn eine solche Erfassung durchgeführt wird, besteht die Aussicht, dass systematisches Empfehlungsmanagement praktiziert wird. Ein nur gelegentliches Ansprechen von Empfehlungsgebern ist nicht zweckmäßig. Der Kollege Zufall ist nur ein gelegentlicher Spritzer in der Tätigkeit. Es ist deshalb wichtig und richtig, fest bestimmte Empfehlungsgeber zur richtigen Zeit zu kontaktieren. Eine Dauerhaftigkeit tritt immer dann ein, wenn sich der Verkäufer selbst ein Ziel setzt und permanent, Monat für Monat, mindestens 10, besser 15 Empfehlungen erarbeitet, anspricht und Geschäftschancen sondiert. Systematik, Regelmäßigkeit und absolute Nachhaltigkeit sind die Plattformen für den zuverlässigen Erfolg auf Dauer.

Durch das Zielleitsystem ist aufgezeigt worden, dass der Erfolg planbar und das Empfehlungsmanagement das wirksamste Führungsmittel überhaupt ist. Viele Vertriebsführungskräfte meinen allerdings, dass der selbstständige Verkäufer, also Generalagent oder Versicherungsmakler, nicht führbar ist. Das ist richtig, jedenfalls dann, wenn die Vertriebsführungskraft Führung mit Kommandogewalt verwechselt. Gehen wir zur Verdeutlichung dazu einmal in eine andere Branche, nämlich in den Autohandel.

Ein Autohändler ist ein selbstständiger Unternehmer, der in der Regel ausschließlich eine Automarke vertritt. Der Autohersteller nimmt sehr konkret Einfluss auf die Gestaltung des Autohauses, die Preisfindung, das Marketing, die Ausbildung und insbesondere auf die Umsatzfindung. All dieses wird vom selbstständigen Autohändler akzeptiert, umgesetzt und somit praktiziert. Nicht anders verhält es sich bei einem Generalagenten oder einem Versicherungsmakler. Hier kommt es darauf an, dass die Führung durch Verkaufsförderung, Marketingmaßnahmen und konkrete Hilfestellung Einfluss gewinnt, um die Vertriebler erfolgreich zu machen, im Markt zu festigen und den Vermittlervertrieb im Ertrag zu fördern. Verkaufsförderung heißt hier nicht nur, dass verkaufsgeeignete Tarife angeboten werden, sondern genauso zum Beispiel:

- Steigerung der Durchdringungsquote in der betrieblichen Altersversorgung (Entgeltumwandlung)
- Forcierung der betrieblichen Altersversorgung durch systematische Ansprache von Arbeitnehmern im Kundenkreis
- Notwendigkeit zum Abschluss von Versicherungen zur Berufsunfähigkeit
- Vermeidung von Altersarmut für Arbeitnehmer und Kleingewerbetreibende, allerdings gilt diese Offerte für alle Personen (nicht vergessen werden sollte das Thema Pflegerente)
- Kostenersparung und Optimierung des Versicherungsschutzes im Firmenbereich
- ganzheitliche Versorgungsanalyse für Arbeitnehmer
- Erstellung einer schriftlichen Risiko- und Versicherungsanalyse für Unternehmen

Es ist erkennbar, dass durch solche Geschäftsideen eine sehr starke Geschäftsförderung praktiziert wird, die einen lenkbaren Einfluss auf den betreffenden Verkäufer hat.

Noch einmal: Menschen wollen organisiert und geführt werden! Verkäufer suchen anwendbare Instrumente und Leitlinien, um den Erfolg zu erreichen. Dieses sind die Voraussetzungen, damit durch den selbstständigen Verkäufer eine positive Steuerung und das Lenken akzeptiert werden. Kein Versicherungsmakler benötigt „den Kaffeetrinker" als Vertriebsbetreuer. Er erwartet Botschaften und damit Hilfe.

Kommen wir jetzt wieder zum Verkäufer 17

Wichtig für einen Verkäufer ist, dass er möglichst viel Zeit beim Kunden verbringt, denn nur dort kann er seiner Aufgabe gerecht werden: Verkaufen! So ist es auch die Aufgabe der Führungskräfte, ihr Team am Ball zu halten.

- Wie viel Zeit verbringe ich bei meinen Kunden und wie viel Zeit mit Verwaltungstätigkeiten? Das gilt für Führungskräfte ebenso wie für den Berater/Verkäufer.
- Wo sind meine „Zeiträuber"?
- Welche Aufgaben kann ich delegieren? Es gilt immer, abgegebene Aufgaben im Hinblick auf das Ergebnis zu kontrollieren.
- Ist meine Kunden- und Adressdatei gut gepflegt?
- Was kann ich sinnvoll vereinfachen?

Anmerkung: Um im Schumacher-System tätig zu werden, muss ich lediglich in jedem Unternehmen „halt" machen, besonders günstig: Industrieparks/-viertel etc. Bei einer Empfehlung gilt, wie bereits Parkinsons Gesetz sagt: Wir brauchen für eine Arbeit so lange, wie Zeit zur Verfügung steht. Deshalb mag es gut sein, dass wir uns Zeitlimits setzen:

- Wir bekommen einen Vertrauensvorschuss und haben dadurch einen hervorragenden Türöffner und Gesprächseinstieg.
- Die positive Erfahrung unseres Kunden wird auf den neuen Kunden übertragen. Der Empfehlungsgeber verkauft praktisch für uns.
- Sie stärken unser Selbstbewusstsein und unsere psychologische Verkaufsposition.
- Sie haben dadurch eine angenehmere Atmosphäre beim Gespräch.
- Es ist die kostengünstigste und gleichzeitig wirksamste Methode, um Neukunden zu gewinnen.

H.-G. Schumacher, D. F. Kindermann, *Strategisches und qualifiziertes Empfehlungsmanagement*, DOI 10.1007/978-3-658-01555-8_17,
© Springer Fachmedien Wiesbaden 2013

- Wir bekommen ein gutes Adresspotenzial und es ist keine Kaltakquisition nötig, wobei das Schumacher-System uns lehrt, dass dieses gar kein Problem mehr darstellt. Mit der richtigen Botschaft sind Sie willkommen.
- Und vor allem: Unsere Abschlussquote wird höher sein.

Empfehlungen sind der Erfolgsmultiplikator. Wenn wir uns nicht trauen, nach Empfehlungen zu fragen, haben wir unser größtes Kapital nicht genutzt. Außerdem wird unser Selbstbewusstsein leiden, weil andere erfolgreicher sind. Empfehlungen werden leicht kommen, wenn wir die Voraussetzungen dafür geschaffen haben. Unser Auftreten und der ganze Verkaufsprozess sollte so sein, dass unser Kunde sich sagt: *„Meinen Berater kann ich mit gutem Gewissen weiterempfehlen."* Wir verkaufen also wieder einmal zuerst uns selbst. Wenn wir durch unsere Persönlichkeit und Fachkompetenz das *Vertrauen* und die *Sympathie* des Kunden erreicht haben, ist das Spiel gewonnen.

Hilfreich ist auch ein gutes *Image des Unternehmens*, für das wir tätig sind. Ist der Leumund gut, wird er sich auf uns übertragen und ebenfalls zum Empfehlungsgeber. Dazu tragen vor allem die Qualität der Produkte oder Dienstleistungen bei.

- Die günstigste Situation ist dann gegeben, wenn der Kunde von Ihrem Produkt, Ihrem Service oder von Ihrer Person schwärmt. Das Eisen muss geschmiedet werden, solange es heiß ist. Wenn er sich begeistert bedankt, ist genau der richtige Zeitpunkt.
- Ein Empfehlungskärtchen auf dem Antragsformular ist eine elegante Lösung, weil es suggeriert, dass die Empfehlung ein fester Bestandteil der Beratung ist.
- Haben Sie die Empfehlungsfrage nach dem Verkaufsabschluss verpasst, gibt Ihnen ein Telefongespräch im Rahmen ihrer Betreuung eine neue Chance. Voraussetzung ist ganz klar, dass der Kunde mit unserem Produkt und unserem Service zufrieden war.
- Eine gute Betreuung des Kunden gibt ihm das Gefühl, bei Ihnen gut aufgehoben zu sein. Ist dieses Gefühl vorhanden, so werden sich auch später immer mal wieder Gelegenheiten bieten, nach weiteren Empfehlungen zu fragen.
- Auch wenn es zu keinem Abschluss kam, weil das Produkt oder der Zeitpunkt nicht passte, können wir die Empfehlungsfrage stellen, wenn die Gesprächsatmosphäre positiv war.

Die Fragen könnten beispielsweise folgendermaßen lauten:

- „Für wen aus Ihrem Kollegen-/Bekanntenkreis könnte dieses Angebot auch von Nutzen sein?"
- „Für wen könnte ein Gespräch interessant sein?"
- „Wem könnten Sie einen Gefallen tun, wenn Sie uns zusammenbringen?"

Im nächsten Schritt können wir die Empfehlung qualifizieren:

- „Ist Herr X ein Freund oder Bekannter?"
- „Ist Herr X in derselben Branche tätig?"
- „Warum kommen Sie gerade auf Herrn X?"
- „Ist Herr X auch selbstständig?"
- „Wann, meinen Sie, könnte ich Herrn X gut telefonisch erreichen?"
- „Haben Sie seine Telefonnummer?"
- „Haben Sie noch einen Tipp für den ersten Kontakt?"

Dazu passt die nachstehende Geschichte aus Afrika:

> „Jeden Morgen, wenn in Afrika über der Steppe die Sonne aufgeht, wacht die Gazelle auf. Sie weiß, sie muss heute schneller laufen als der schnellste Löwe, wenn sie nicht gefressen werden will.
> Jeden Morgen, wenn in Afrika über der Steppe die Sonne aufgeht, wird auch der Löwe wach. Er weiß, er muss heute schneller als die langsamste Gazelle laufen, wenn er nicht verhungern will.
> Daraus folgt: Es ist eigentlich egal, ob du ein Löwe oder eine Gazelle bist. Wenn über der Steppe die Sonne aufgeht, musst du rennen."

Diese Geschichte sollte sich sinnbildlich jeder Verkäufer, jeder, der etwas erreichen will, zu seinem Erfolgsziel/Motto machen. So simpel sie auch klingen mag, so ist es auch – ohne Fleiß kein Preis.

Entscheidend ist im Verkauf, dass sich jeder Verkäufer eine wesentliche Chance zu Nutze macht. Um welche handelt es sich dabei? Ich nenne es „die Chance zur Offerte". Und wer bekommt eine solche bzw. diese Chance? Der, der danach strebt. Vonnöten ist das spezifische Fachwissen im Bereich der betrieblichen Altersversorgung, das Wissen um die aktuelle Gesetzgebung. Sicherlich ist die betriebliche Altersversorgung ein Spezialfeld, allerdings noch immer nicht umfassend durch aufgeklärte Fachleute im Markt besetzt. Dieser Markt ist zudem schier unbegrenzt. Das ist die Chance!

Veränderungen sind Chancen 18

Durch das Gesetz zur Förderung der betrieblichen Altersversorgung besteht für Arbeitgeber unter bestimmten Voraussetzungen die Verpflichtung, alle Mitarbeiter ausreichend zu informieren. Stellen Sie sich vor, die zu versorgenden Mitarbeiter gehen in den Ruhestand und stellen ihre ungesicherten Forderungen an das Unternehmen. Hier stellen sich entscheidende Fragen: Wie ist die Haftungssituation? Ist das Unternehmen noch im Besitz der früheren Eigentümer oder bereits in Händen der Erben? Sie sehen: Ohne Fachwissen geht gar nichts. Sie sollten sich intensiv mit der Materie befassen. Das ist auch nicht wirklich schwer. Lassen Sie sich durch Ihren Versicherer schulen, besuchen Sie Seminare, lesen Sie sich ein. Ihr Gesprächspartner merkt sehr schnell, dass Sie ein Fachmann sind. Sie bringen Mehrwert in vielerlei Hinsicht, zum einen Rechtssicherheit, Zukunftssicherung, Sie helfen, Fluktuation abzubauen – gut versorgte Mitarbeiter fühlen sich wohl – und Sie schaffen außerdem Ersparnisse für den Betrieb. Welcher verantwortungsvolle Firmenchef bzw. Entscheider kann Ihnen bei solchen Botschaften widerstehen?

Ihre Vorteile liegen auf der Hand. Wissen schadet nur dem, der keines hat. Beziehungen schaden nur dem, der keine hat. Wir könnten dieses Thema endlos fortführen. Ich denke, Sie haben verstanden.

Wir erinnern uns doch sicher noch an die Ermahnungen unserer Lehrer (dazu gehören auch die Eltern, Großeltern, Familienmitglieder). Sie sagten uns: „Du lernst nicht für uns, du lernst für dich." So ist es auch und so bleibt es. Also: Auf geht's!

Sind Sie bereits Fachmann im Bereich betriebliche Altersversorgung? Wollen Sie sich Ihr Leben, Ihre Arbeit erleichtern? Dann lernen Sie – erlernen Sie.

1. das Fachliche
2. die Terminierung
3. die Empfehlungsnahme

H.-G. Schumacher, D. F. Kindermann, *Strategisches und qualifiziertes* 95
Empfehlungsmanagement, DOI 10.1007/978-3-658-01555-8_18,
© Springer Fachmedien Wiesbaden 2013

Und schon sind Sie wieder auf der Überholspur. Gehen Sie los und terminieren Sie.
Bringen Sie in das erste Gespräch die wesentliche Information mit – kurz, knapp
und plausibel.

Stellen Sie fest, ob Bedarf besteht und, wenn ja, in welcher Größenordnung.
Schaffen Sie mit dem Vertrauen, das Sie aufgebaut haben, die Lösungsansätze und
arbeiten diese weiter aus, ohne dass der Betrieb zu stark belastet wird (fast jeder hat
Angst, wenn er mit einem Thema, das ihm noch nicht zu 100 % vertraut ist, kon-
frontiert wird). Schaffen Sie Mehrwert. Mehrwerte sind wie erwähnt bei fachlicher
Qualifikation ohne große Probleme darzustellen. Nur schaffen Sie Mehrwert, zum
Beispiel indem Sie – nachdem Zustimmung besteht – jeden einzelnen Mitarbeiter
besuchen, zu Hause, manchmal auch im Betrieb und mit jedem Mitarbeiter ein
persönliches Gespräch führen. Der Mehrwert liegt wie gesagt auf der Hand, der
Mitarbeiter erhält die passende Altersversorgung und der Betrieb wird entlastet.

Auch wenn es sich 1973 um das Abarbeiten von VL-Adressen handelte, so besaßen die Vermittler seinerzeit exakt das, wovon wir hier in diesem Buch berichten.
Termine in einer Firma, Gespräche mit dem Personalchef, Bedarf wecken, Erreichen des gewünschten Zieles, die Herausgabe der Adressen, einhergehend mit dem,
dass man sich bei Besuch der Mitarbeiter auf die Firma berufen durfte. Erklärt wurde das Produkt, in der Regel erfolgte der Abschluss. Die Empfehlungsnahme war
ein weiterer Teil und über den damaligen Ursprung nahmen berufliche Karrieren
die richtige Richtung – man war im Geschäft. Neben dem Umstand, dass die Vermittler seinerzeit VL abschlossen, wurden sie – weil ihre gewonnenen Kunden das
Vertrauen besaßen – in vielen Fällen auch der Versicherungsfachmann für andere
Versicherungen.

Beginnen Sie oder machen Sie dort weiter, wo die anderen aufhören. Dort, wo
andere aufhören, werden Sie Sieger!

Wenn Sie die Erfolgsgeschichten berühmter oder erfolgreicher Menschen lesen,
werden sie feststellen, dass diese oft erst nach großen oder mehrmaligen Rück-
schlägen, Frustrationen oder schmerzhaften Erfahrungen ihre Vision umsetzen
konnten. Meist waren viel Geduld, Beharrlichkeit und Ausdauer entscheidend, die
sie schließlich doch erfolgreich werden ließen.

Ein kleines Beispiel: Nehmen wir die Zeit einer Fußballweltmeisterschaft. Fast
jeder Verkäufer sagt sich: „Termine machen lohnt sich nicht." Hier aber liegt eine
Chance für die Verkäufer, die keine Fußballfans sind. Gehen Sie, wenn sie zu der
Gruppe der „Nichtfußballer" gehören, zu den Kunden, die genauso empfinden. Der
Markt gehört Ihnen. Natürlich gilt dieses Beispiel nicht nur für Versicherungsver-
käufer. Jeder, der etwas anzubieten hat und ambulant tätig ist, besitzt in dieser Zeit
alle Chancen dieser Welt.

Die erfolgreichen Verkäufer/Berater machen dort weiter, wo die erfolglosen schon aufhören. Vermutlich geschieht es oft kurz vor dem Erreichen des Ziels, dass die einen aufgeben und die anderen durchhalten. Dann waren alles Bemühen und der ganze Aufwand vergebens, und es ist zudem wenig inspirierend für künftige Unternehmungen.

Der Glaube und das Vertrauen in uns und unsere Fähigkeiten wachsen mit jeder positiven Erfahrung. Es ist nichts so motivierend wie Erfolg. Grundsätzlich aber sollte uns klar sein: Erfolg verlangt eine gewisse Disziplin, und zwar Disziplin in seiner ursprünglichen Bedeutung. Das lateinische Wort „disciplina" bedeutet so viel wie „Übung".

Es gibt viele Beispiele von Siegern. Sie alle kennen sicher Joey Kelly. Er gehört zu unseren Freunden. Von ihm und seiner Lebensleistung zu berichten, ist eine wahre Freude. Ihn selbst zu hören ist ein Erlebnis.

Joey war der kleine Kelly der Kelly-Family, die von der Straße kam. Die Familie wurde, als der Vater den Kindern die ewige Stadt Rom zeigen wollte, ausgeraubt. Ohne eine Lire in der Tasche haben sie dann das getan, was jede irische Familie täglich übt: Sie haben gesungen. Allerdings auf offener Straße. Sie sind durch viele Länder gezogen, wurden aufgrund ihres unermüdlichen Fleißes berühmt und verkauften Millionen Tonträger.

Irgendwann ging aber auch diese Erfolgsgeschichte zu Ende und alle Kellys waren nach Vaters Tod auf sich gestellt. Joey hat bereits in der Zeit, in der die Kellys Millionen verdienten, „sein Ding gemacht": Er wollte etwas eigenes, etwas nur für sich tun. Stärke beweisen! So absolvierte er die Ironman-Distanz im Triathlon, wurde Ironman-Weltmeister – bewältigte die Distanz sogar acht Mal in einem Jahr! Er nahm alles auf sich, von dem jeder für sich glauben würde, das geht nicht. Joey absolviert Höchstleistungen in vielen Disziplinen. Er ist einzigartig, so wie jeder von uns. Hier in diesem Buch fordern wir nicht dazu auf, jemanden zu kopieren. Jeder aber sollte bereit sein, für sich Höchstleistungen zu vollbringen.

Gibt es etwas Schöneres als Zufriedenheit der Kunden? Zufriedenheit der Kunden macht stark. Wussten Sie, dass zufriedene Kunden ihren Berater/Verkäufer oft weiterempfehlen und dass die Empfehlung die wirksamste Verkaufsmethode überhaupt ist? Von guter Leistung überzeugt, werden Ihnen neue Kunden empfohlen. Wir berichten davon, dass Joey einzigartig ist, wie Sie es auch sind. Über Höchstleistung zum Erfolg, zur Zufriedenheit und zur Selbstsicherheit.

Seinerzeit, im Jahr 1973, waren die vermögenswirksamen Leistungen ein relativ unbekanntes Produkt. Heute ist es in vielen Fällen, ja sogar noch in den meisten Fällen so, dass die betriebliche Altersversorgung ein schier riesengroßes Terrain bedeutet. Es lohnt sich also, aktiv zu werden. Sicherlich arbeiten viele Unternehmer mit irgendeinem Versicherungsbetreuer zusammen, aber in welchem Bereich ist dieser der Fachmann? Die wohl größte Anzahl der Makler tummelt sich immer noch im einfachen Geschäft, alternativ im schweren, dann aber im Risikobereich der Sach-HUK-Transportversicherungen. Wunderbar – hier können Sie angreifen! Die Masse der Makler ist auch kaum in der Lage (oder bereit?), die Mitarbeiter einzeln aufzusuchen. Eine weitere Chance für Sie bzw. ihre Crew, wenn Sie Service für Ihre Kunden groß schreiben!

Ein Tipp: Es bringt Ihnen Vorteile, wenn Sie sich mit dem Steuerberater des Unternehmers austauschen. Im Gespräch mit Steuerberatern eröffnen sich Ihnen oft weitere Kontaktmöglichkeiten. Auch der von Ihnen gut informierte Steuerberater/WP fühlt sich in Ihrer Nähe wohl und kann als Empfehlungsgeber tätig werden.

Wussten Sie eigentlich, dass auch der Steuerberater eine Verpflichtung besitzt, seinen Mandanten über die Pflichten, die dieser als Arbeitgeber hat, zu informieren? Wussten Sie auch, dass viele Steuerberater dieser Verpflichtung nicht in ausreichendem Maße nachkommen? Auch Steuerberatern fehlt häufig wichtiges Detailwissen. Das liegt nicht selten daran, dass selbst der Steuerberater mit der Vielzahl von Novellen, Gesetzesänderungen und Fachthemen überfordert ist und mit der laufenden Buchhaltung, der Erstellung von Bilanzen bis hin zur Betriebsprüfung bereits mehr als ausgelastet ist. Auch diesen Steuerberater befreien Sie von einer Last. Wenn Sie also klug informiert und fleißig vorgehen, sind Sie der Segensbringer. Alle ziehen daraus Nutzen: der Arbeitgeber, die Arbeitnehmer, der Steuerberater und auch Sie. Sie sind ein gefragter Fachmann!

Sind Sie erst einmal im Geschäft, wird man Sie immer wieder rufen, zum Beispiel bei Neueinstellungen oder beim Arbeitsplatzwechsel (obwohl Sie gegen die Fluktuation arbeiten, bedeutet der Arbeitsplatzwechsel eine zusätzliche Chance für Sie; auch der neue Arbeitgeber könnte samt aller dort vorhandenen Arbeitnehmer ihr neuer Kunde werden). Wenn Sie also Ihren Endkunden, den Arbeitnehmer also, ebenfalls richtig betreuen, wird er Sie sehr gern weiterempfehlen, auch bei einem Arbeitsplatzwechsel.

Vor vielen Jahren war Bernd J. einer unserer Kollegen. Er war kein wirklicher Dynamiker, kein aufregender Typ und von der Optik her nicht das Idealbild eines Verkäufers. Das ist auch nicht zwingend erforderlich. Im wirklichen Verkaufsleben gibt es zwar „Verkäufertypen", aber ob gerade sie die besten Verkäufer sind, sei dahin gestellt. Bernd ging ohne Aktenkoffer in die Betriebe. Er hatte lediglich einen „Zettel" dabei. Darauf standen gut lesbar, auch für sein Gegenüber, einige wichtige Punkte zum Thema Direktversicherung.

Es ging im ersten Gespräch exakt darum, erst einmal Kontakt aufzunehmen und einen Folgetermin zu vereinbaren. Diese Vorgehensweise können Sie ohne großen Aufwand übernehmen. Schnell standen Termine, schnell war klar, ob grundsätzliches Interesse (also Bedarf) bestand oder nicht.

Bei Interesse wurde bei der Verabschiedung geklärt, wie viele Angestellte bzw. wie viele gewerbliche Mitarbeiter es im Unternehmen gibt. Mit der Bedarfsklärung war „die halbe Miete" eingefahren. Beim nächsten Besuch wurde der Bedarf exakt ermittelt – ein Vertragsabschluss erfolgte aber noch nicht. Es wurde Zeit in die folgenden Themen investiert:

- Betrieb
- Produkt
- Markt
- Auftragslage
- mitarbeitende Ehefrau/Familienmitglieder
- Gesetzeslage
- eigene Versorgung des GGFs bzw. Inhabers
- Mitarbeiter
- tatsächliche Funktion des Steuerberaters, Bankers, also all derer, die in gewisser Weise ein Mitspracherecht haben könnten.

Auf diese Weise entstand ein exaktes Bild und die Lösungsansätze konnten präsentiert werden. Im Prinzip konnte es danach zur Tat, sprich: zum Abschluss, kommen. So ist es auch heute noch. Nicht die Kunden, sondern die Gesetze haben sich verändert, und mit den Gesetzen die Versorgungsmöglichkeiten, also auch die Zukunftssicherung und damit die Altersversorgung. Unsere Chancen sind schier unendlich, wenn wir aktuell unsere bundesrepublikanische Wirtschaft anschauen. Wir können ja mit Fug und Recht von einem tatsächlichen Wirtschaftswachstum sprechen (trotz zwischenzeitlicher Turbulenzen). Unsere wirtschaftliche Basis ist allerdings schwankend. Darin erkennen wir auch den Bedarf an Beratung. Wenn Sie es nicht tun – verkaufen – wird es mit einer gewissen Verzögerung jemand anderes machen. Darauf sollten wir aber nicht warten, jetzt ist die Zeit reif.

Was kann ein einzelner Verkäufer ausrichten? Nun gut, er kann monatlich bei entsprechendem Fleiß eine Wertungssumme von 500.000, 600.000, 700.000 oder auch einer Million Euro produzieren. Davon kennen wir einige – es geht! Im Jahresergebnis können also sechs, sieben oder mehr Millionen Euro pro Jahr produziert werden – regelmäßig, dauerhaft und auch bewiesenermaßen seit Jahren. Um wen handelt es sich bei diesen Verkäufern? Es sind Verkäufer, die sich im Spezialgeschäft bewegen, zum Beispiel in unserem Feld, der betrieblichen Altersversorgung. Keiner von den vorbeschriebenen Könnern wirkt besonders aufdringlich, überschwänglich, aber alle kennen ihr Produkt, den Mehrwert, also den Nutzen für ihren Kunden. Sie sind fleißig.

Mehrere von den vorgenannten Top-Vermittlern sind selbst Chefs. Sie betreuen ebenfalls Mitarbeiter im Vertrieb, sind aber selbst die umsatzstärksten Vermittler in ihrem Unternehmen. Teilweise produzieren sie 70 bis 80 % vom laufenden LV-Umsatz. Was richtig läuft, ist klar: Der Erfolgreiche macht auf alle Fälle etwas richtig, er kennt die Wege zum Erfolg und nutzt sie. Was aber läuft falsch, jedenfalls dann, wenn neben dem Top-Produzenten zum Beispiel fünf oder sechs oder mehr Mitarbeiter, also Verkäufer, mit mittelmäßigem Umsatz, herumdümpeln? Einiges!

Was heißt Führung? 19

„Führen" bedeutet, das Beste aus den Mitarbeitern herauszuholen, ihre Anlagen und Talente freizusetzen und für das Ganze zu nutzen. Aber, und das ist entscheidend zu verstehen, man muss den Mitarbeitern helfen, es selbst zu tun! Ihre Hilfe als Führungskraft sollte nur eine Hilfe zur Selbsthilfe sein.
Ein anderer Grundsatz, dessen Sie sich immer bewusst sein sollten:

> Visionen und Ziele werden einen Menschen nur dann inspirieren und zum Handeln bringen, wenn er sie als seine sieht.

Werte und Führungsgrundsätze dürfen kein bloßes Lippenbekenntnis bleiben. Dabei spielt die *Führungsspitze*, aber auch der *direkte Vorgesetzte* eine zentrale Rolle. Er verkörpert die Hierarchie und durch ihn erlebt der Mitarbeiter die Führung. Der direkte Vorgesetzte muss vorleben, was das Unternehmen in seinen Führungsgrundsätzen fordert.

> Nicht der Führungsstil ist entscheidend, sondern das Vertrauen, das die Mitarbeiter zu ihrem Vorgesetzten haben.

Egal wie: Auf jeden Fall kommt der sorgfältigen Auswahl der Führungskräfte eine ganz besondere Bedeutung zu und es darf nicht automatisch der beste Fachmann zum Führer gemacht werden. Es braucht das *Vertrauen der Mitarbeiter*, wenn sie engagiert und kohärent an der Umsetzung der Unternehmensziele arbeiten sollen. Dazu gehört auch, dass kontroverse Sichtweisen ausgetragen werden. Leistung und Vertrauen stehen in engem Zusammenhang. Vertrauen erhöht die Motivation und Leistung.
Arbeit soll Freude machen! Freude an der Arbeit ist der beste Motivator und ein Zeichen, dass man sich am richtigen Platz befindet. Die eigene Berufung zu leben, führt immer zu einer sehr stabilen inneren Zufriedenheit. Verstärkt wird dies durch eine Reihe anderer Faktoren wie ein gutes Arbeitsklima im Kreis der Kollegen, ein gutes Verhältnis zu und Anerkennung von Vorgesetzten und Erfolg bei den

H.-G. Schumacher, D. F. Kindermann, *Strategisches und qualifiziertes Empfehlungsmanagement*, DOI 10.1007/978-3-658-01555-8_19,
© Springer Fachmedien Wiesbaden 2013

Kunden. Basis all dieser Kriterien ist, dass ich mich am richtigen Platz befinde und – was dann sehr wahrscheinlich ist – meinen Arbeitslatz mit Verantwortung und Engagement ausfülle.

Um ein Verkäufer zu sein, muss man kein Supermann sein. Auf die Botschaft, den Mehrwert, ein ansprechendes Auftreten und den Fleiß kommt es an. Aber wer zeigt ihm, dem künftigen Mitproduzenten und Top-Berater, den Weg dorthin? Alles, besser gesagt vieles, kann erlernt werden. Also: Tun Sie es! Sie, der Sie das Geschäft bereits beherrschen. Zeigen Sie Ihrem Mitarbeiter oder Kollegen die Wege auf. Machen Sie es vor, begleiten Sie, coachen Sie. Auch er kann es lernen. Wir kennen einige wenige, die als Partner/Verkäufer im Team arbeiten und sich permanent gegenseitig coachen. Ist dieses Ziel erreicht, werden mehrere Verkäufer gleich stark sein können.

Empfehlungsmanagement ist in der Zeit der Veränderung ein erfolgreiches Instrument des Managements   20

Was spricht dagegen, dass Sie Ihrem „Lehrling" etwas abverlangen? Was verlangen Sie ihm ab? Fleiß! Erlerntes umzusetzen. Was meinen Sie, warum sind viele Franchise-Unternehmen so erfolgreich? Wussten Sie, dass jemand, der sich bei McDonald's als Mitunternehmer bewirbt (ja, Sie haben richtig gelesen: „bewirbt"), mindestens 500.000 € mitbringen muss, um überhaupt in die Auswahl der Bewerber eines möglichen Franchise-Platzes, also Restaurants, zu kommen? McDonald's zum Beispiel kann sich erlauben, dem Franchisenehmer den Ort für sein künftiges Restaurant zuzuweisen.

Bevor der Franchisenehmer aber tätig werden kann, muss er durch die McDonald's-Schule und dort alle Arbeitsabläufe erlernen, die McDonald's weltweit praktiziert. Wichtig ist es, Qualitätsstandards zu leben. Nur so gelingt es, dass eine Marke blüht. Sich bei McDonald's einzukaufen und sich zu verpflichten, sich nach der exakt vorgegebenen Geschäftsordnung zu bewegen, ist (fast) unabdingbar die Garantie zum Erfolg. Kennen Sie einen Betreiber eines McDonald's-Restaurants, der es nicht geschafft hat? Von Hunderten in Deutschland habe ich von einem gehört. Er lief neben der Spur. Dem Verbraucher ist es bei diesem, ihm bekannten Standard egal. Er besucht die Restaurants in der Erwartung gleichbleibend hoher Qualität, egal ob in Erfurt, Frankfurt, München oder Buxtehude.

Es ist also ein Leichtes zu erkennen, dass McDonald's wesentliche Empfehlungen (Schlangen an den Kassen und Autoschaltern) erhält bzw. besitzt, weil eine permanent gleichbleibende Qualität weltweit gewährleistet wird. Die Qualität wird gesichert, weil das Management an die Franchisenehmer entsprechende Anforderungen stellt, unabhängig von der Kontrolle, die den Franchisenehmern gegenüber ihren Mitarbeitern auferlegt ist.

Neben einem hervorragenden Produkt ist das wertvollste Gut (zugleich Aushängeschild und Visitenkarte) der ordentliche, bestens ausgebildete Mitarbeiter oder Partner.

Empfehlungsmanagement und Verdoppeln bzw. Vervielfachen durch Vormachen bzw. Führung sind ebenfalls Dinge, die uns das Leben gelehrt hat. Denken

H.-G. Schumacher, D. F. Kindermann, *Strategisches und qualifiziertes*   103
Empfehlungsmanagement, DOI 10.1007/978-3-658-01555-8_20,
© Springer Fachmedien Wiesbaden 2013

Sie nur an die Hebelwirkung. Ganz einfach und bildhaft erklärt: Sie möchten eine Schraube lösen, besitzen die richtige Schlüsselgröße, die Schraube sitzt fest. Der Schlüssel selbst ist aber zu kurz, nicht lang genug. Was machen Sie dann? Klar, Sie versuchen den Schlüssel zu verlängern. Je länger dieser ist, desto mehr Kraft lässt sich übertragen, um die Schraube zu lösen.

Nicht jeder Verkäufer ist eine Führungskraft. Eines allerdings kann jeder Verkäufer (mit entsprechender Routine geht es leichter): Empfehlungsnahme praktizieren. Und die Führungskraft? Vormachen, vormachen, vormachen. Damit gelingt es. Übung macht den Meister. Führen Sie nah – und umsichtig (vgl. McDonald's). Motivieren Sie mit Produkt und Qualität.

Führung – das Merton-Modell

21

Um deutlich zu machen, was die Amerikaner schon seit langem leben, will ich vom Merton-Modell (Merton lebte von1910 bis 2003) berichten. Es ist gleichzeitig als Sinnbild von Hierarchie und Führung zu verstehen. Auch ein Franchiser führt. Tun Sie, der Sie eine Führungskraft sind, es ebenfalls.

Das Merton-Modell

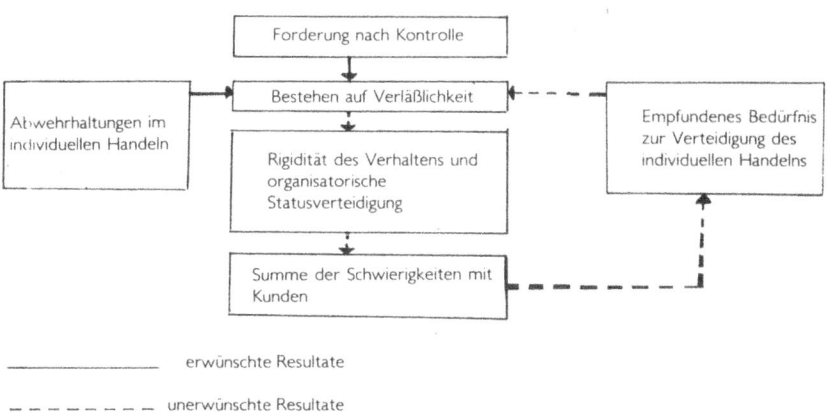

_____ erwünschte Resultate

– – – – – – – – unerwünschte Resultate

Mertons System von Thesen beginnt mit der „Forderung nach Kontrolle", welche die oberste Führungsebene an die Organisation stellt. Diese Forderung nimmt die Gestalt eines wachsenden „Verharrens auf Verlässlichkeit des Verhaltens" innerhalb der Organisation an. Vom Standpunkt der obersten Führungsebene aus erfordert dies eine Verlässlichkeit und Voraussagbarkeit des Verhaltens. Die zur

H.-G. Schumacher, D. F. Kindermann, *Strategisches und qualifiziertes*
Empfehlungsmanagement, DOI 10.1007/978-3-658-01555-8_21,
© Springer Fachmedien Wiesbaden 2013

Sicherung der Verlässlichkeit angewandten Techniken beruhen auf dem „mechanischen" Modell des menschlichen Verhaltens. Die Kontrolle verfolgt vor allem den Zweck, durch eine Überprüfung dieser Verfahrensweisen sicherzustellen, dass sie auch tatsächlich eingehalten werden. Folgende Schlussfolgerung lässt sich aus diesem Verhalten auf Verlässlichkeit des Verhaltens und den zu seiner Installierung verwendeten Techniken ableiten:

> Der organisatorische Rahmen bewirkt durch Mitwirkung an den organisatorisch motivierten Aktionen neue Konsequenzen für Individuen und kleine Gruppen.

Es heißt, durch das Verhalten in der Gruppe ist das Verhalten der Organisationsmitglieder höchst voraussagbar. Die Konsequenz ist, dass dadurch die ursprüngliche Forderung nach Verlässlichkeit befriedigt wird.

Es ist nützlich, sich die Grundfaktoren anzusehen, die die Identifikation mit einer Gruppe beeinflussen.

Grundfaktoren, die die Identifikation mit der Gruppe beeinflussen

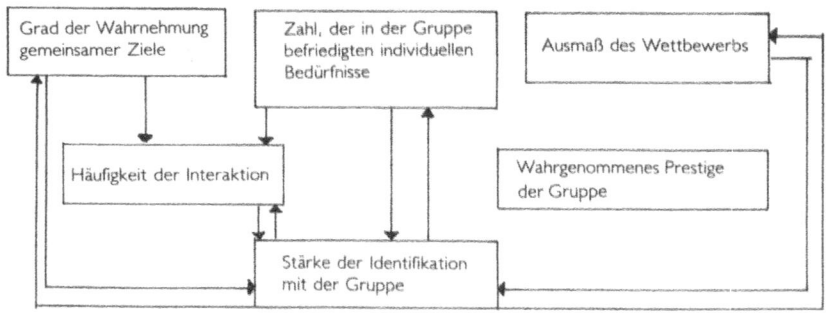

Je stärker die Identifikation mit einer Gruppe ist, desto wahrscheinlicher ist es, dass Ziele mit der Wahrnehmung der Gruppennorm übereinstimmen. Diese Grundthese stützt sich auf eine Vielfalt von Forschungsergebnissen. Sie richtet die Aufmerksamkeit auf die Faktoren, welche die Stärke der vier oben angeführten alternativen Formen der Identifikation beeinflussen:

1. Je größer das wahrgenommene Prestige der Gruppe ist, desto größer ist die Neigung des Einzelnen, sich mit ihr zu identifizieren und umgekehrt.

2. Je höher der Grad der Wahrnehmung gemeinsamer Ziele unter den Gruppenmitgliedern ist, desto stärker ist die Neigung des Individuums und umgekehrt.
3. Je häufiger eine Interaktion zwischen einem Einzelnen und den Mitgliedern einer Gruppe stattfindet, desto stärker ist die Neigung des Einzelnen, sich mit dieser Gruppe zu identifizieren und umgekehrt.
4. Je größer die Anzahl der in der Gruppe befriedigten individuellen Bedürfnisse ist, desto stärker ist die Neigung des Einzelnen, sich mit der Gruppe zu identifizieren und umgekehrt.

Diese Thesen, zusammen mit einigen anderen, welche die Interaktion zur Wahrnehmung gemeinsamer Ziele und zur Zahl der in der Gruppe befriedigten Bedürfnisse in Beziehung setzen, bilden den Grundrahmen für die Entwicklung spezifischer Thesen. Dieser Grundrahmen wird wie folgt dargestellt:

Grundfaktoren, die die Identifikation mit der Gruppe beeinflussen

Schema der Faktoren, die das Prestige der Gruppe beeinflussen

Unterscheidungsmerkmale der Gruppe | Zahl der Gruppenmitglieder | Wachstumsrate

Erkennbarkeit der Gruppe

Statusebene der Mitglieder | Gruppenzustand in bezug auf das Prestige | Prestigeniveau aufgrund der individuellen Erfahrung

Ausmaß des Erfolges bei der Zielverwirklichung | Stellung der Gruppe in der Gesellschaft | Individuelle Prestigestandards

Wahrgenommenes Prestige der Gruppe

Drei Symbole, die von grundlegender Bedeutung für die Identifizierung sind, sind folgende:

1. Je größer der Erfolg bei der Verwirklichung der Gruppenziele ist, desto höher ist die Stellung der Gruppe in der Gesellschaft.

2. Je höher die durchschnittliche Statusebene der Gruppenmitglieder ist, desto höher ist die Stellung der Gruppe in der Gesellschaft.

3. Je größer die Erkennbarkeit der Gruppe ist, desto höher ist die Stellung der Gruppe in der Gesellschaft.

Die Erkennbarkeit der Gruppe ist wiederum auf Gruppencharakteristika zurückzuführen, welche sie entweder von anderen Gruppen unterscheiden oder die Wahrscheinlichkeit erhöhen, dass die Gruppe im Blickfeld steht. Von den Faktoren, die den Prestigestandard eines Einzelnen bestimmen, sind zwei Variablen von besonderer Bedeutung. Auf der einen Seite variiert das Prestige mit dem Prestige der Gruppe bei anderen. Auf der anderen Seite hängt die individuelle Wahrnehmung des Gruppenprestiges nicht nur davon ab, wie es von anderen Menschen bewertet wird, sondern auch von dem Standard des betreffenden Individuums. Folglich ist das wahrgenommene Prestige einer Gruppe eine Funktion der Stellung der Gruppe in der Gesellschaft und des Charakters individueller Standards. Die Stellung der Gruppe in der Gesellschaft wird durch bestimmte Erfolgssymbole determiniert, die in einer bestimmten Kultur geschätzt werden.

Des Weiteren unterliegen Standards sowohl dem Verfall als auch der Weiterentwicklung durch persönliche Erfahrung. Aufgrund der sozialen Vergleichsprozesse, die dem Anspruchsniveau Zugrundeliegen, kann gesagt werden: Je höher das Prestigeniveau aufgrund der individuellen Erfahrung ist, desto höher sind die individuellen Prestigestandards. Diese Faktoren, die das Prestige bestimmen, werden wie folgt dargestellt:

Schema der Faktoren, die die Häufigkeit der Interaktionen, den Grad Wahrnehmung gemeinsamer Ziele, Grad des Wettbewerbs und die befriedigten Bedürfnisse beeinflussen

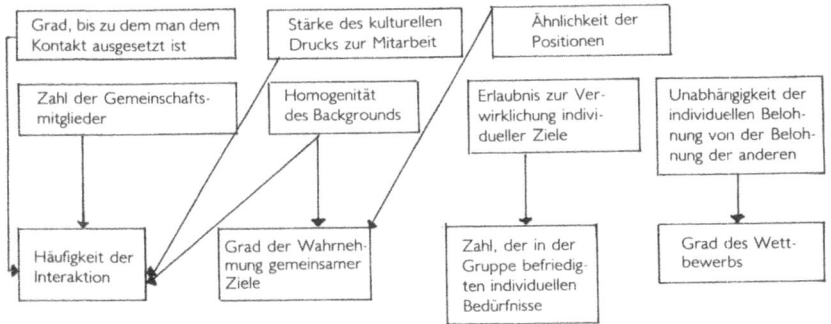

21.1 Hauptfaktoren, die die Häufigkeit der Interaktionen zwischen einem Einzelnen und der Gruppe bestimmen

Einer der wichtigsten Faktoren ist das Feedback, welches die Identifizierung mit der Interaktion verbindet. Je stärker die Identifikation des Einzelnen mit der Gruppe ist, desto größer ist die Interaktion. Wenn die gemeinsamen Ziele oder die in der Gruppe befriedigten Bedürfnisse zunehmen, so führt dies auch zu einer erhöhten Interaktion.

Folgende Faktoren wirken auch noch nach diesem Mechanismus: zunächst die Exponiertheit. Je mehr man dem Kontakt exponiert ist, desto häufiger findet eine Interaktion zwischen der Gruppe und dem Einzelnen statt. Individuen treten verschiedenen Gruppen mit vorher feststehenden Einstellungen gegenüber, die auch die relative Häufigkeit der Interaktion mit der Gruppe bestimmen. Zum Teil reflektieren diese Einstellungen Normen der Kultur oder Subkultur, in der das Individuum aufgewachsen ist. Daraus folgt: Je stärker der kulturelle Druck zur Mitarbeit in der Gruppe ist, desto häufiger kommt es zu einer Interaktion zwischen der Gruppe und dem Einzelnen.

Zum Teil basieren die Einstellungen auf wahrgenommenen Ähnlichkeiten zwischen Gruppenmitgliedern und dem Einzelnen, die oft die Folge eines gemeinsamen Backgrounds sind. Dieser Background kann eine gemeinsame Erfahrung etc. sein. Je größer die Homogenität des Backgrounds ist, desto häufiger findet eine Interaktion statt. Über die Größe, die Anzahl der Mitglieder lässt sich sagen: Je größer die Zahl der Gemeinschaftsmitglieder ist, desto seltener kommt es zu einer Interaktion zwischen der Gruppe und dem Einzelnen. Vorher wurde gesagt: „Je größer die Homogenität des Backgrounds ist, desto höher ist der Grad der Wahrnehmung gemeinsamer Ziele." Außerdem ist die Wahrnehmung gemeinsamer Ziele eine Funktion gegenwärtiger Ähnlichkeit der Position (Beispiel: Verkäufer im Bereich bAV). Als Folge wird zu der Annahme geneigt, dass diese Ähnlichkeit auch zu einer ähnlichen Einstellung führt. Je größer die Ähnlichkeit gegenwärtiger Positionen ist, desto höher ist der Grad der Wahrnehmung gemeinsamer Ziele.

Um die Faktoren, welche die Identifikation mit der Gruppe beeinflussen, zu vervollständigen, werden zwei weitere Variablen eingeführt: Die erste ist die Variable, die die Zahl der in der Gruppe befriedigten Bedürfnisse des Einzelnen beeinflusst. Die zweite beeinflusst den Grad des Wettbewerbs zwischen den Gruppenmitgliedern und dem Einzelnen. Je mehr die Gruppe eine individuelle Zielverwirklichung erlaubt, desto mehr individuelle Bedürfnisse werden in der Gruppe befriedigt.

Die genannten Beispiele sollen Führungskräften Mut machen. Suchen Sie sich Ihre Jünger, schulen Sie sie und weisen Ihnen die Wege zum Erfolg. Führen Sie und fordern Sie Leistung. Fachwissen und Umsetzung und damit Fleiß. Verlangen Sie von Ihren Mitarbeitern nur das, was Sie selbst bereit sind zu leisten. Leben Sie es authentisch vor.

Gehen Sie wie die Jünger in alle Himmelsrichtungen, sammeln Sie Erfolge, maximieren Sie die Einkünfte Ihrer Mitarbeiter und damit auch Ihre. Qualität ist niemals am Minimum zu messen. Qualität misst man auch in der Quantität, Qualität gilt es maximal zu leisten und zu liefern.

Nutzen Sie die Fachkräfte unserer Zeit (zum Beispiel Ihrer Partnergesellschaft), nur die besten Produkte, die besten Trainer, lesen Sie nur die beste jeweils in Frage kommende Lektüre.

Wer die besten Produkte liefert, werden Sie bald herausbekommen (wenn Sie es sowieso nicht bereits wissen . . . sofern Sie dieses Wissen besitzen, setzen Sie es um, beginnen Sie sofort, noch heute).

Wenn Sie Top-Fachlektüre zu unserem Thema lesen wollen, lesen Sie zum Beispiel von Schumacher | Sobau | Hänsler das Buch „Entgeltumwandlung – Mit System zu höheren Durchdringungsquoten im Mittelstand", 3. Auflage.

Nutzen Sie Top-Trainer, Trainer, die wissen, wovon sie reden. Selbstverständlich finden Sie einige bei Versicherern, aber auch ungebundene. Sie merken: Ohne permanente Weiterbildung geht es nicht. Eine der wesentlichen Aufgaben der Führungskräfte ist die Weiterbildung.

Aus- und Weiterbildung sind ein wesentlicher Ansatz zur Verkaufsförderung und insbesondere Stabilisierung der persönlichen Verbindung zwischen Verkäufer und Vertriebsführungskraft. Diese erhält eine positive Resonanz, weil der Verkäufer eine Aus- und Weiterbildung als eine ganz besondere und wünschenswerte Hilfe ansieht und deshalb auch akzeptiert. Die Ausbildungsmaßnahmen, die weitgehend fachlich bezogen sind, legen Grundlagen und sind jedoch nicht spezialisiert auf den Verkauf ausgerichtet. Der Verkäufer will jedoch Verkaufsanleitung, anwendbare Möglichkeiten durch eine Ausbildungsmaßnahme Verkaufsziele zu erreichen.

Folgende Themen werden zu wenig angesprochen, dabei sind sie verkaufs- und persönlichkeitsentscheidend:

- Erhöhung der Durchdringungsquote in der bAV durch ständige Auskunfts- und Informationspflicht des Unternehmens
- forcierter Verkauf zur bAV und eine systematische Ansprache von Arbeitnehmern im Kundenkreis
- Geschäftsideen, die den Marktchancen entsprechen
- Verkauf durch Verkaufshilfen (zum Beispiel Versorgungsplaner)
- Persönlichkeitsentwicklung des Verkäufers zum Unternehmer
- Abkehr vom vertretertypischen Verhalten in Sprache und Haltung

- Entwicklung der Verhandlungsfähigkeit mit ebenbürtigen qualifizierten Gesprächspartnern
- unternehmerische, betriebswirtschaftliche und wertorientierte Steuerung von Versicherungsvermittlungsfirmen (also Generalagenturen, Versicherungsmakler)

Abschließend möchte ich noch anmerken: „Wenn sich doch alles verändert hat – woran liegt da?" Mit diesem Satz habe ich meine an Sie gerichteten Worte begonnen, den bereits von Ihnen gelesenen Aufsatz, meine Empfehlungen, zu Papier gebracht. Jetzt möchte ich zum Abschluss einige Zitate von klugen Menschen wiedergeben, Worte von Personen, von denen die meisten längst nicht mehr unter uns weilen . . . Sie werden merken: Alles hat sich verändert, nichts ist mehr so wie früher, nur eines stimmt. Immer und immer wieder verändert sich alles, alles hat seine Zeit. Veränderungen aber nehmen sich diese.

Anhang

Nachworte

- **William James:** „Die Erkenntnis, dass das Unterbewusstsein durch Gedanken gelenkt werden kann, ist vielleicht die größte Entdeckung aller Zeiten."
- **Mahatma Gandhi:** „Du selbst musst die Veränderung sein, die du in der Welt sehen willst."
- **Ralph Waldo Emerson:** „Selbstvertrauen ist das erste Geheimnis des Erfolges."
- **Johann Wolfgang von Goethe:** „Erfolgreich zu sein setzt zwei Dinge voraus: Klare Ziele und den brennenden Wunsch, sie zu erreichen."
- **Henry Ford:** „Erfolgreiche Menschen sind erfolgreich, weil sie das tun, was andere nicht tun."
- **Walter Percy Chrysler:** „Das wahre Geheimnis des Erfolges ist die Begeisterung."
- **Hans Kammerlander (Bergsteiger):** „Wenn du es nicht versuchst, wirst du nie wissen, ob du es kannst."
- **Aristoteles:** „Was man lernen muss, um es zu tun, das lernt man, indem man es tut."
- **Martin Luther:** „Lernst du wohl, wirst du gebratener Hühner voll. Lernst du übel, musst du mit der Sau zum Kübel."
- **Willy Brandt:** „Der beste Weg, die Zukunft vorauszusagen, ist sie zu gestalten."

Als Mitautor, Dieter F. Kindermann, weiß ich und viele über mich, dass ich ein großes Netzwerk an Beziehungen besitze, nahezu weltweit. Das ist nicht einfach so entstanden ... es wurde und wird permanent gepflegt. So mache Beziehung, ja Freundschaft, besteht über Jahrzehnte und so ist es auch nicht verwunderlich, dass mich viele Menschen wegen meiner Beziehungen anrufen und dieses im Rahmen des Möglichen nutzen.

H.-G. Schumacher, D. F. Kindermann, *Strategisches und qualifiziertes Empfehlungsmanagement,* DOI 10.1007/978-3-658-01555-8, © Springer Fachmedien Wiesbaden 2013

So manches Mal bin ich verwundert darüber, dass der ein oder andere, der etwas wünscht, überhaupt erst nach Jahren kontaktet, sich also erst dann erinnert, wenn er meine Hilfe benötigt, die Beziehung an sich schlecht pflegt. Kontakte schaden nur dem, der keine hat. Zu meinen Prinzipen gehört, dass ich meine Kontakte permanent pflege, auch wenn das vermeintliche Beziehungsfeld meines Partners schon längst nicht mehr vorhanden ist, weil er die Firma gewechselt hat, umgezogen ist oder in Pension gegangen ist. Beziehungen schaden ja nur dem, der keine hat. Man sieht sich im Leben – mindestens – immer zweimal. Ich meine: das Leben gleicht einer Karussellfahrt, man sieht sich immer und immer wieder. Kontakte zu pflegen hat nichts mit dem aktuellen Wollen zu tun. Natürlich muss ich Zeit investieren.

Ein großer Maler stellte in seinem Gemälde „Primavera"(Frühling) dar, dass alles immer und immer wieder kehrt. Jeder Frühling, Sommer, Herbst und Winter. Es handelt sich bei diesem Künstler um den spanischen Hofmaler Jordi Rollan.

Um am Ball zu bleiben, muss man manchmal „dribbeln", „dribbeln" so lange und nur so lange, bis man zum Schuss kommt. Schuss gleich Abschluss. Also „dribbeln" Sie und kommen Sie bald zum Schuss/Abschluss. Ich drücke Ihnen die Daumen. Sie sind es, auf den Ihr Kunde und Ihr Team warten. Also gehen Sie hin. Los geht's!

Danke!

Nach Verlust der Sehkraft auf beiden Augen war es für mich schwierig, das Buch zu Ende zu bringen. Ich möchte deshalb allen Dank sagen, die mitgewirkt haben; insbesondere meiner Frau, die mir sehr geholfen hat.

Meinem KIWANIS-Freund Mathias Krauß, der zur Stelle war und meinem KIWANIS-Freund Horst Müller, der einen Teil des Buches relegiert und korrigiert hat. Gleichzeitig sage ich Dank an Frau Margit Karb und an Herrn Guido Notthoff, Lektor für Finanzdienstleistungen, Springer Gabler Verlag.

Allen aufrichtigen Dank!

Ich danke Ihnen aufrichtig, wenn Sie mir Ihre Anregungen, Einschätzungen, Erfahrungen und Erfolge schreiben.

Hans-Georg Schumacher
Die Brückengärten 20
68623 Lampertheim

Der Erlös aus meinem Teil des Buches wird zur Betreuung von Straßenkindern/ Kongo verwendet.

Es wird überlegt, ob erblindeten Straßenkindern in geeigneter Weise, Unterricht gegeben werden kann; im Rahmen der Steyler Mission wird geprüft, ob eine Blindenschule eingerichtet werden kann.

Die Autoren

Hans-Georg Schumacher

Diplom-Betriebswirt

1949–1952	Ausbildung zum Versicherungskaufmann
1952–1954	Besuch der Deutschen Versicherungsakademie, Köln
	Abschluss: Diplom-Betriebswirt
1954–1995	Verkaufstrainer, Bezirks-, Filial- und Landesdirektor
	Mitglied der Geschäftsleitung einer namhaften
	Versicherungsgesellschaft
01.01.1995	Gründung der
	APM Europe Assurance Personnel Management
	Tätigkeit als Trainer und Unternehmensberater
	Verfasser zahlreicher Fachartikel und Buchautor
	Botschafter für die Demokratische Republik Kongo
	für ICH International Child Help e. V.

Dieter F. Kindermann

Dipl. Betriebsök. – BI/Dr. e. h.,

Seit vielen Jahren in der Wirtschaft tätig. Er studierte und lehrte im Bereich der Wirtschaftswissenschaften, war aktiv u. a. als Gastdozent/Gastprofessor an verschiedenen nationalen und internationalen Hochschulen/Universitäten, so hielt er Vorlesungen zum Beispiel in Koblenz, Ulm, Almaty (Kasachstan), Tashkent (Usbekistan), Breslau (Polen), Harkov (Ukraine), Asuncion (Paraguay), verfasste diverse Fachbücher und Aufsätze und gilt als versierter Vertriebsfachmann. In seinen Verantwortungsbereich fällt der Vertrieb von über 15 Mrd. € verkaufter Finanzdienstleistungsprodukte. Kindermann ist u. a. engagierter Vortragsredner, insbesondere zu den Themen Wirtschaft/Ökonomie, Humanität. Aktuell ist er immer noch im erfolgreich im Vertrieb tätig. Im sozialen Bereich ist Kindermann u. a. als Präsident des Kinderhilfswerks ICH – INTER-NATIONAL children help e. V. ehrenamtlich tätig. Für ihn gilt: Handeln anstatt Reden!

Sekretariat Dr. e. h. Dieter F. Kindermann
Schwerdtmannstraße 2
31655 Stadthagen
E-Mail: d.kindermann@weikin.de

Weiterführende Literatur

Altmann H-C (2004) Mut zu neuen Kunden. Moderne Industrie, Landsberg

Herrhausen A (1990) Macht, Politik und Moral. Econ, Düsseldorf

Kindermann DF (1987) Die soziale Verpflichtung des Managements in Wirtschaft und Industrie. Soldi-Verlag, Buchholz

Kindermann DF, Maier A (2011) V.E.R.K.A.U.F.E.N. Easy, Bad Berleburg

Lakso W (2002) Charisma: Mehr Erfolg durch persönliche Ausstrahlung. Gabler, Wiesbaden

Limbeck M (2005) Das neue Hardselling. Verkaufen heißt verkaufen – So kommen Sie zum Abschluss. Gabler, Wiesbaden

Rüde-Wissmann R (2002) Satanische Verhandlungskunst – und wie man sich dagegen wehrt. Campus, Frankfurt am Main

Schumacher H-G (2007) Qualifizierte Neukundengewinnung im Firmenkundengeschäft, 3. Aufl. Gabler, Wiesbaden

Schumacher H-G, Sobau M, Hänsler F (2013) Entgeltumwandlung – Mit System zu höheren Durchdringungsquoten im Mittelstand, 3. Aufl. Gabler, Wiesbaden

Sprenger RK (2002) Mythos Motivation: Wege aus einer Sackgasse. Campus, Frankfurt am Main

Walther G (1997) Sag, was Du meinst und du bekommst, was du willst: mit Power Talking zum Erfolg. Econ, Düsseldorf

H.-G. Schumacher, D. F. Kindermann, *Strategisches und qualifiziertes Empfehlungsmanagement*, DOI 10.1007/978-3-658-01555-8,
© Springer Fachmedien Wiesbaden 2013

The manufacturer's authorised representative in the EU is Springer
Nature Customer Service Centre GmbH, Europaplatz 3, 69115 Heidelberg,
Germany. If you have any concerns regarding our products, please
contact ProductSafety@springernature.com

Printed and bound by CPI Group (UK) Ltd, Croydon, CR0 4YY
23/04/2026
02095636-0003